人類学的放屁論のフィールド ■ 1

放屁という覚醒

O・呂陵
O·ryo ryou

世織書房

まえがき

近年、日本の（社会＝）文化人類学の裾野は大きく広がったと思う。日本の主な大学では例外なくこの学問が講じられているし、博士後期課程で専門家を養成している大学院も数多い。そればかりか、海外の大学院で教育を受けた人も少なくない。彼らの平均的な学問水準は、大学院時代の私とは較べものにならないぐらい高いと思う。

でも、私の院生時代と較べて、文化人類学がもっと豊かで魅力的な（つまり楽しい）学問になったかといえば、必ずしもそうではない。彼ら若い世代の人類学徒たちの省察は犀利で、人類学それ自体をも忌憚のない批判の俎上に乗せ続けてきた。その自省は健全であり、かつ的確だと思う。しかし、彼らの論文を読んでもそれほど面白いとは思えないのだ。同じ目線からの文章は、カルチュラル・スタディーズの方が遙かに鋭く、社会学の方がずっとアクチュアルだと感じてしまう。現代思想ならもっと幅が広くて熱く、現代哲学ならより深く省察を推し進め、現代文学ならリアルさやシュールさの迫力が格段に上だ。

包み隠さずに言えば、彼らは文化人類学をどこかに置き忘れてきたのではないかと思う。「古い奴だとお思いでしょうが」、私はやはりフィールドにこそすべてがあると信じて疑わない。ついこの間まで大学院の同僚だった川田順造さんは、フィールドワークは自分の感性さえ変わってしまうほどの実存的な体験なのだと強調して止まれなかった。そして、人類学の魅力はそこにこそあるのだと、院生たちにも説き続けられていた。まさしく、そうだと思う。

人間の可塑的な自己（self）が、社会と相互的に切りわけられて成立する点で、動物の環境結合的な自我（ego）と異なっているのだとしよう。仮にもしそうであれば、フィールドワーカーが異文化社会に生きる経験は、その自己を根深いところから変成させずにはおくまい。いわば魂がもっていかれてしまいそうな、この危うい地点に直にじっくりと腰を据えて、人間の実存を普遍へと向けてその土地の内側から見通すこと。その営みにこそ、他ならぬ人類学独自の、そして格別の醍醐味がある。

とはいえ、半面で、フィールドでの暮らしは、文目もわかぬ茫々たるものでもある。平々凡々たる日常の混沌にすっぽりと包み込まれて、いつしか自分を見失ってしまう恐れだってきっとあるだろう。幾度通い続けても、土地の人々の茫漠たる暮らしを貫く条理の糸口を容易に手繰り寄せられなければ、フィールドは疎ましい不毛の地にも見え始めよう。

だが逆に、自分の社会の仕組みや論理を突然飲み込めるようになる瞬間が訪れるのは、決して珍しいことではない。この「覚醒」こそが、フィールドワーカーの感性がフィールドという場でまさに根源から変わろうとしている予兆なのである。

私の覚醒は、なんと事もあろうに、私自身の途方もない放屁の事態と相まって訪れた。本書『放屁という覚醒』は、文化を生きる肉体をもつ者、つまり平凡な一人の人間としての私の、人類学のフィールドにおける、小さくも野放図な覚醒の物語である。

O・呂陵

目次

放屁という覚醒

薫風響声考

薫風響声考

薫風響声考

いかんせんなす術もない、と文明人を慨嘆させて深い無力感を抱かせる自然現象は、他の何にもまして風である。古典期の人類学の巨人ジェームズ・フレーザーは、大著『金枝篇』にそう記している。

現代人は、科学技術の力で宇宙の果てさえも見通し、遺伝子を組み換えて神に挑もうとすらしている。だが、地球の表面を傍若無人に吹き渡って荒れ狂う風の暴威の前では、事実、人間は悲しいほど無防備であり、哀れなまでに無力である。たとえば、二〇〇五年八月末、ハリケーン・カトリーナが合衆国南部のメキシコ湾岸を襲ってニュー・オリンズなどの都市を壊滅させたことは、記憶に新しい。こうした破天荒の規模の台風、タイフーン、ハリケーン、サイクロン、竜巻などが、「忘れた頃」にやってきては、人間の傲岸と不遜を徹底的に叩きのめすのだ。

カトリーナの瞬間最大風速は、危うく秒速八〇キロメートルに達しようとした。また、一九六六年の台風一八号は、宮古島で八五・三メートルを記録している。竜巻きは、その記録さえ遙かに凌ぐ。ともかくも、熱帯性低気圧は、熱せられた海水をエネルギー源として生まれ出る。それゆえに、工業による化石エネルギーの消費増大に伴う急速な地球温暖化と比例して、その威力は確実に増強されようとしている。

フレーザーの言は、高度な工業化と資本主義化が地球大で進み続ける趨勢の中で、ますます真実味を深めているといえよう。

心騒ぐ風

しかし、人は暴風の前に圧倒されて立ち竦み、萎縮するばかりではない。恐ろしい風はまた、その破天荒な力の大きさのゆえにこそ人を魅了する。私は、轟々《ごうごう》と暴風が吹き荒れる日には、なぜか不思議に心が波立ち騒ぎ、老齢を迎えようとしている今でもその高まりを抑えられないのだ。

実は、幼い頃からそうだった。嵐の日に、わが家の前の通りがみるみる間に川と化すのを玄関の大きなガラス戸に釘付けになって眺めていたのを思い出す。すると、雨の塊がガラス戸に時折ドッと音を立てて横殴りに叩きつけ、一瞬の内に視界を真白に閉ざす。それに驚いて嬌声を挙げて、思わず身を引きながらも、心の内側の声は、「もっと吹け、もっと吹け」と風を煽っていた。

いつかどこかで私に似た怪しい心騒ぎを覚えたことが、あなたにも、きっとあるのではないだろうか。

身体の内側を吹く風

心騒がす風は、人の身体の外側だけを吹いているのではない。人の身体も、まさしく自然の一部に他ならないのだから、その内側をも風は絶え間なく吹き抜けて行く。そう、風こそが、陸棲動物である人の生命現象の根幹にあるものなのである。

人は、開かれた一つの宇宙である地球の表面に住みついて生きていて、その大いなる生命である風を呼吸する。そして、人間のその生命の場である地表をクルリと裏返しにして（いわばクラインの壺のように）管状に閉じた構造をもつ、もう一つの小さな宇宙として、一つ一つの人体はある。

風がその二つの宇宙を絶えず行き来して、身体の内外を反転する一つの回路へと結び合わせることによって、人の生命は成り立ち、持続している。こうして、大小二つの宇宙は、二つながらにして一つに溶け合う。即ち、人は身体を通して地球の生命である風を受容する。一方、風は内からも外からも人体を包み込んで養いつつ人の生命を包摂し、それを地球の大いなる生命へと統合するのだ。

だから風は、その外側でと同じように、人の身体の内側でも卒然とつむじを巻き上げ、回路の内奥《ないおう》で時に低く、時として高く唸り声を立てることがある。

この内なる風を南風と言い、あるいは「サハラ砂漠のつむじ風」と呼んだのは、詩人寺山修司だった。彼によれば、屁とは「下腹部に幽閉された風」である。こうして、人体の内を吹く風は、屁を筆頭に、往々ハリケーンや台風にも負けぬほど荒々しく立ち騒いで、いかにも御しがたい。内なる風もまた、或る時には、なす術もない絶望と無念の直中へと人を突き落とすことがある。実に、そのことにおいては、外なる風に少しもひけをとらないのだ。

社会現象としての風

さて、人の身体の内なる風は、（同じ生命の構造をもつ）他の陸棲動物の体内の風と一見同じではあっても、やはり同じではありえない。

人以外の動物は、本能を生きることにおいて紛うことなき自然の一部であるがゆえに、その体内を吹く風は、あくまでも自然現象である。彼らの息は、呼気も吸気もまったき自然として、大いなる地球の生命である風の流れの一部であり、結局それに異ならない。どんなに荒々しく、あるいは声高であろうとも、自然現象である以上、息は管をなす身体をあるがままに速やかに、また時に緩やかに吹き抜け、思いのままに声を発して、どこまでも健やかだ。だが、それは（彼ら動物たちには）少しも可笑しくはなく、またいささかも哀しくはない。

真夜中の厩舎では、放屁、鼾、排尿の音が、床を掻く蹄の音や身体を板に擦り付ける物音などに混じって、絶えずそこここから聞こえてきて、一瞬たりとも静まりかえることがないそうだ。汗腺が発達していない犬は、せわしなく呼吸して体温を調節するが、（例外的に熱帯に住むペンギンである）ガラパゴス・ペンギンは盛んにアクビをして体温を発散させる。つまり、動物にとって、内なる風もまた外なる風に劣らず自然なのだ。

長年ゴリラを研究している霊長類学者の山極寿一は、子供向けの絵本で、ゴリラの群れの朝の目覚めののどかな情景を描いている。「ボワッ、ブフーム。おやおならをしたのはだれだろう。でも、みんな、しらんぷりして、きもちよさそうにねころがっています。ムニャーウ、ムーム」という、優しく心親しい表現が、「ゴリラ語」を話し、心からゴリラになりきることのできるこの人らしくて、とても印象的だ（『おはよう　ちびっこゴリラ』）。ゴリラたちは、誰も他のゴリラの放屁に構おうとする気配すら見せていない。

翻って、博多弁には、同じ猿を引き合いに出していてもまったく趣の異なる、「大猿の屁こいたごたる」という慣用表現がある。自分で何かをしでかしても我関せずという態度をとる人物の、いかにもシラッとした他人行儀を巧みに譬えていて妙。つまり人間の内面を吹く風は、自然現象であると同時に、いやそれ以上に社会的な現象なのである。

自然現象としての風の暴威の前ではなす術もなく無力な人間も、その個々人が己の体内を気儘に吹く風の猛威に全力をあげて抗し、全霊を傾けてその放逸を押し止めなければならない。社会規範がそれを命じ、義務づけているからである。こうして体内の自然の風は、抗う術もなく社会現象となっているのだ。

そしてこの風たちは、自制できそうもないものをあえて自制しなければならない、その試みの脆さと儚い危うさのゆえに、他に優れて人間的であり、さればこそ時に可笑しく、時として哀しい。

人間にとっての「自然」

人は、動物のように自ずからなる群れにではなく、明確な輪郭をもつ家族を幾重にも複合した社会に生まれ落ちる。

そして人間として社会で生きてゆくには、その社会を社会として成り立たせている固有の、複雑で、しかも（すぐ後に論じるように）「気まぐれ」な秩序の体系、つまりそれぞれの社会に独特な文化を身に付けなければならないのだ。つまり、社会と文化が常に個としての人に先行してまずあり、個人の人間としての自己形成に有無をいわさず介入して内面を支配するというのが、いつでもどこでも等しく人間の存在の条件であり続けている。

そして、文化という秩序体系に取り込まれなかったものは、（剰余概念として）どれもみな無秩序なものとされることになる。裏返せば、この無秩序とされるものの総体が、「文化」ならざるもの、つまり文化の秩序を脅かす恐るべき外部の力として観念され、今度は（文化の対概念である）「自然」として分類されるのだ。

外なる風の暴威に通じる力を孕んでいる内なる風。それは、このようにして、文化の秩序を突如惑乱する恐ろしい「自然」の一部となり、ありのままの自然の力以上に破壊的な力を獲得する。オナラ、誠に恐るべし！

この意味で、文化をもった存在である人間にとっての自然（先に述べた意味での「自然」）は、文化をもたない他の動物にとっての自然と決して同じではありえない。このように「自然」を理解することこそが、人間の文化とその仕組みを理解する要だというのが、多岐多様な人間現象を考察する文化人類学をそれでもなお文化人類学という単一の学問領域たらしめている、基本的な、そして共通の認識なのである。

文化のからくり

しかし、文化とは、それを生きる特定の社会の人々にとってはどんなにあたり前なものではあっても、(冷静にその外側に視点を据える限り、そして常に)いわば「気まぐれ」な規則の束でしかない。つまり、文化は必ずしも生存の基盤となる生理や適応や経済の促しに由来するのではない。要は、「自然」である他者と「文化」である自己とを区分する基準となり得るもの、言い換えれば、単に社会(の内側と外側)を規定する何ものかでありさえすれば、それが何であれ文化の構成要件として用いられるに十分なのである。

その事情は、刺青や抜歯や割礼、あるいは化粧やボディ・ペインティングなどを例として考えればわかりやすい。たとえば、南米の先住民であるインディオの一派であるカデュヴェオ人は、幾日もかけて丹念に顔に装飾模様を描くことで知られていた。或る宣教師がそれを愚かで懶惰《らんだ》なことだと咎めた。すると、彼らは、身体に装飾模様を描くことで自分を獣と区別しようとしない宣教師こそが無知蒙昧で愚か者なのだと、明快な文化理論をもって反撃した。そのように、人類学の巨匠クロード・レヴィ＝ストロースが報告している（『悲しき熱帯』）。

ただし、今では日常的に抜歯、刺青、ボディ・ペインティングをする社会は、おそらくもう存在しない。しかしながら、現在でも、男か女、あるいは両性が、日常的に熱心に化粧を施していない社会は、地球上のどこにも存在しない。ただ、そうであっても、（あたりまえ過ぎて、皮肉にも往々「自然」な行為だと感じられている）化粧が人の生存に不可欠な（生理的・経済的な）基礎要件でないのは、いうまでもあるまい。

音も香もない上天の人

それでは、放屁の禁止はどうだろうか。（後の章で述べるように）「未開」社会についての欧米人の独善的で常識的な思い込みに反して、公然たる放屁の禁止か抑止が社会的なエチケット（文化）とされていない社会はまずないし、かつてもなかったはずだ。

放屁をめぐる緊張関係が、恋人同士や性を販《ひさ》ぐ者と贖う者の間などの異性間の不安定な間柄で極大になるのは、いうまでもあるまい。こうした関係では、とかく相手を一方的に理想化し、まるで人間ならざる天使のように、自分勝手に思いたがる傾向がある。たとえば、江戸時代中期の若き才人で、朱子学、禅学、武術、書画、音曲はもとより、俳諧、香道、篆刻など諸芸百般に通じていたとされる柳里恭（柳沢淇園）は、『独寝』で「女郎様」を言葉を究めて崇め立てている。「女郎様」は「地女」とは雪と墨ほども異なっており、音も香もない「上天の人」だというのだ。

この当時はまだ、「地女」、即ち巷間の女性たちが美しく振る舞えるほどには、文化も社会も十分に豊かに成熟を遂げていなかったのかも知れない。だがこれでは、彼が二分類した女性のいずれもを人間扱いしていないことになる。柳が結婚を疎ましく思っていたのも、無理もない。

だが、親密な間柄の男女が放屁を認め合い、許し合うことは、半面では、多くの社会でこのうえない信頼関係の証となり、信用の礎ともなってきた。二十一歳の自分が収めた学問のすべてを、惚れた女郎の下帯と取り替えたいとまで言ってのけた柳里恭は、女郎も心底恋している客に対しては床の中ではわざとらしくはなく、慎ましやかに振る舞うものだと言っている。ところが世間では、取り方が違う。(日本の)遊女も芯から心を許した馴染みの客相手の床では、安心して心ならずも粗相をすることもあり、客も女の真情を察して、その振る舞いに痛く感じ入ったとされているのである。

放屁の心理と政治学

ただし、夫婦の間や家庭内でも、放屁が許されるかどうかは各家庭の、あるいは各地方の文化的な変異の問題であるとともに、きわめて繊細で個別的な判断が伴う個人的な経験の問題であって、当事者たちの間に往々鋭い緊張を生み出すことがある。それは夫婦の生まれ育った家庭文化の違いに基づくとともに、たとえば新婚期と晩年など、ライフ・サイクルの様々な段階の違いにもよるだろう。場合によっては、それが(離縁などの危機さえも孕む)劇的な効果をもち得ることは、自分自身の経験を振り返ってみれば、誰しも容易に理解できるのではないだろうか。

人が文化をもって以来展開されてきた放屁をめぐる両性間の心理合戦、あるいは可笑しく哀しい「政治学」の大きな「資源」の一つがここにある。それは、現代文明の今も変わることのない人間の真実なのである。

一言で言えば、文化は常にいとも「気まぐれ」なのだ。ただし、右のような放屁の「政治学」が人間社会にほぼ普遍的に見られるのは、刺青、抜歯、割礼、化粧、ボディ・ペインティングなどの恣意性に任された文化形態とは異なり、放屁が生命を維持する人間の生理機構の一部分にとても深く関わっていて、その内側にしっかりと組み込まれているからであると考えられよう。

文化の隙間風

先に述べた通り、地球と人体は生命の一繫がりの回路をなし、人体の入口と出口とで両者の内外が急激に捩じれて表裏反転する、独特の空間構造関係をもっている。

であれば、人間の文化は、地球の表面の一区画（社会）と、そこに住まう人々の個々の身体の表面とを舞台として形成され、様々な意匠でその場に刻印されていく。だが、（文化的には一つの世界である）その社会の外側から暴風が時折轟々と吹き寄せて来ては、社会とその文化秩序を揺さぶって脅かすのだ。たとえば、あのカトリーナのように。

屁は、それと同じように、社会の「内なる外部」である人体の内面から社会へと不意に迸り出るたまさかの風である。屁は、平素は人体の内奥に深く秘められ、隠された自然としてあるがゆえに、一旦人体の外に溢れ出れば、その外面の虚構（文化）を痛烈に暴き出すことになるのだ。そして、人々を不測のパニック状態に陥れ、唐突に社会を攪乱して脅かすのである。

言い換えれば、地球の息吹たる風も、また人体の息吹たる屁もともに、文化の亀裂から吹き出し、また吹き込んでくる時に（のみ）、社会を震撼させる本物の脅威となるのだ。だから、その威力もまた実は自然的である以上に、文化的なものだとみなければならない。それゆえにこそ、人体が作り出す些細な風も、大自然の壮大な風にも劣らない暴威をひそかに蔵し得るのである。

カトリーナの教訓

自然現象としての暴風も文化の亀裂から吹き込む時にこそ、社会秩序を大きく脅かす破壊的な力を発揮する。この事実をここで、まだ我々の記憶に新しいハリケーン・カトリーナを例として、簡潔に確認しておきたい。

ハリケーン・カトリーナの惨禍は、唯一の超大国として空前の繁栄を謳歌する現今のアメリカ合衆国が見舞われた未曾有の、そして意想外に甚大な災害として、世界を震撼させた。だがその災害の大きさは、爛熟したアメリカの文化それ自体が引き寄せてしまったものだと見るべきである。

科学技術の発展は、不利な自然条件の土地でも人口の集中を可能にする。防災環境が整備されればされるだけ可住地が拡大していって、ますます危険な所に住む人口が膨らむ。すると、どこかにたった一つでも小さな亀裂が生じると、システムはいともたやすく一気に崩壊することにもなる。

ジャズ発祥の地で、人口約四十八万五千のニュー・オリンズは、ミシシッピー川河口のゼロ・メートル地帯に発展した町である。ニュー・オリンズの場合、一か所でも堤防が決壊すれば中心部が一たまりもなく水没することは十分予見され、総合的な対策の必要性が事前に力説されていた。しかし、天文学的な防災計画予算の確保は困難で、抜本的な対策は結局いつも先送りされてきた。今やイラク派兵が長期化して、国家予算の余力が奪われていたことの影響も大きかった。

亀裂は物理的に堤防に走ったばかりではない。カトリーナの接近は早くからTVやラジオで住民に周知され、避難命令も切羽詰まってから出されたのではなかった。だが、市民の約七割を占める黒人などの貧困層の中でも避難経費さえなかった人たちと、車を運転できない老人や病人たちには移動手段がなく、その結果、十万人もの人々が風雨の中に取り残された。カトリーナの暴威は、白人と黒人、健常者と病人、富者と貧者、青壮年と老人、そして連邦政府と州政府との間に歴然として存在しながらも隠蔽されていた文化的な深い亀裂を突如露にして、そこから社会の内部へ向かって炸裂した。

イラクへ大量に派兵されていて人手の足りない軍も、救援活動に手がまわりかねた。救援物資が届いたのは、漸く被災後四日目のこと。飢渇に耐えかねた一部の市民が流言に煽られて暴徒化する。町では略奪が横行し、その略奪者の中には制服の警官の姿さえあった。暴漢がのさばり、レイプも起きて、ニュー・オリンズの町は無法地帯と化す。暴徒と治安部隊の間で銃撃戦も起き、ついには、ちょっとした市街戦の様相さえ呈する事態にさえなったのである。

カトリーナの巨大な力は、堤防の一つの小さな亀裂から一気に入り込んで、人々をバラバラにして彼らの運命を厳しく別け隔てた。かくして、アメリカ合衆国という人類史上もっとも豊かな社会の秩序に潜む巨大な亀裂を剥き出しにして、それを一気に拡大し、未曽有の混乱を呼び込んだのである。この意味で、ハリケーン・カトリーナは、自然現象であるとともに、それ以上に紛れもない社会現象でもあった。

反文化としての風

人体が創り出す小さな風もまた、文化の亀裂から吹き込んでくる時に、その力は一気に増幅されて極大となり、社会を揺るがす脅威となる。たとえば、もっとも社会的な性格が強い公的な場面での放屁は、その行為の主である女性の美や賢者の知恵、あるいは聖職者の徳や男女の恋情といった、長い時間をかけて丹念に練り上げられ、独特の仕方で形式化されてきた文化の装いを一瞬の内に、しかも有無をいわさぬ力で瓦解させてしまうだろう。

つまり、内なる風もまた、人間になす術もない無力を感じさせる点では、地表のそこここに吹きすさぶ烈々たる暴風に劣らず、恐ろしい破壊力を秘めているのだ。そしてこの事実を、たった一つの放屁が突如確認させてくれるのである。

もっとも、体内に「幽閉された」風は、なにも屁だけではない。他の風であるゲップ（オクビ）、アクビ、クシャミ、咳、溜め息、鼻息、「膣放屁」、またシャックリや鼓腸（腹鳴り）、さらには鼾なども、程度の差こそあれ、大概の社会で同様のタブーの対象となっている——古来、イビキが音であると共に風として意識されていたことは、イブキ〔息吹〕の語との語形の近さが教えてくれるだろう。そして、タブーの侵犯には世界中どこでも類似する破滅的な効果が伴うのが通例だが、一方では、それらの風の振る舞いとその解釈をめぐって独特の「政治学」が各地で展開されることにもなる。その理由もまた、これまでに示した文化と「自然」の解釈によって、既に明らかだと思う。

ただし、体内から吹き来るどの風の効果を重視し、どの風の振る舞いをあえて看過するかは、文化として少しも一様ではない。わかりやすい例を挙げれば、一方には放屁に比較的寛容な現代西欧の文化があり、他方には（会食中と後の）オクビをむしろ満足の印として歓迎する中国や東南アジア（の一部）、あるいは中近東の文化がある。これら二つの「文化の型」は、「上の放屁」（ゲップ）と「下の放屁」（オナラ）に関して、構造的な両極性を示していると言えるだろう。こうした選択と組み合わせもまた、人体の風の心理学と政治学の一つの重要な次元を構成する。

死を孕む屁

風は、流体として高く天を摩し、空を領して強く音を発するだけでなく、様々な匂いを帯び、各地の土埃や砂塵を孕んでは至る所へと運び、遠く広く拡散させる。春先に中国大陸から吹き来る幾陣かの風が、日本列島や朝鮮半島に大量の黄砂を飛散させて人々を悩ませるのは、そのよく知られた一例だ。他方、内なる風の場合、人々を惑乱させるのは黄砂と同じ色そのものではなく、むしろその色彩と強い連想関係にある匂いの方である。

その匂いは、人体の内部に秘密として閉じ込められている生命の原理、即ち代謝の作用が、実は一義的な生の謳歌などでは決してなく、生と死の絶えざる交換の過程でしかありえない事実を暴露してしまうのだ。すなわち、今日ではほとんどの社会が共有する糞便の発する腐敗臭への嫌悪という文化の表層は、死の恐怖とその忌避という隠された深層へと、こうして密かに通じているのだ。

あえて大雑把に言えば、象形文字である漢字がこの感覚を巧みに表現していると言えるだろう。なにしろ屁は、屎、尿（ならびに尻）と共に、屍を表す尸（シカバネ）を分け合っているのだから。無論、尸を部首とする漢字は他に幾つもあるが、人の気体、固体、液体状の排泄物のすべてが、その排泄口と共に尸（屍）で束ねられているのは決して偶然ではなく、一つの暗黙の、しかも体系的な思想の現れと見るべきだろう。

人間が生むもっとも平和なもの

ところで、人間の生み出したもので糞便ほど平和的なものは他にないと述べたのは、ドイツの詩人、ハンス・エンツェンスベルガーだった。けだし、至言である。

ただ、糞便の平和さは、摂食と排泄（を含む新陳代謝過程）を生と死の絶えざる循環過程として受けとめる社会でこそ、安らかに受容できる類の文化的属性であろう。かつて下肥が田畑にあまねく撒かれていた日本やチュニジア、そして古代ギリシアなどの田舎では、死も、またその匂いのする糞便も、社会と文化の中に、つまり人々の暮らしのすぐ傍らにあって、人々の意識から少しも隠されてはいなかったのだ。

ただし、そうした社会でも、放屁は決して褒められはしない。だが一方で、放屁は弛緩した日常に突如亀裂を走らせる。そして、死という不可避の結末も含めて、「人間の自然」を丸ごと肯定する健やかでおおらかな哄笑が、そこへと向かって俄に力強く呼び込まれることになる。こうして放屁は、巧まずして、社会と文化に新たな生命の力を賦活する契機ともなり得たのだった。かつてフランシス・ラブレーやエミール・ゾラの作品、また日本なら『大鏡』や「屁ひり嫁」話に見られたごとき「ガルガンチュア的哄笑」が、それによってもたらされる健やかで「平和的」な質をもつ笑いなのである。

もっとも、その壮大で宇宙論的な哄笑は、屁の匂いよりは、むしろ炸裂する音響こそが担っているものなのだが。

都市化と屁の抑圧

ところが、近代化=西欧化の特徴の一つは、工業化とならんで、極端な人口集中による都市化である。繰り返し人類史を彩ってきた、おぞましい疫病大流行の舞台は、決して田舎でなく、決まって都市であった。それというのも、人口の集中と共に増大した、回収され得ないほど大量の汚物の滞留と腐敗とが、死に神をいとも易々と招き寄せたからである。

ところが日本や中国では、下肥が長く貴重な農業資源として利用されていた。それは、高値で取引される稀少な商品であり、日本では本土から北海道へ重要な物産として移出された折の文書記録さえ残っている。それゆえに、品質のいい高価な糞便の供給地として重宝された都市も隅々まで清潔に保たれていたのである――「肥に上下の差別あり」と詰まらないことを言ったのは、一体誰だったろうか（現実は、そう甘くはないのだ）。事実、江戸時代に長崎の出島と江戸を往還したオランダの歴代のカピタン（商館長）たちは、江戸との往還の際に垣間見た日本の大都市の街路の水を打たれてさえざえとした清浄さに、強く心を打たれている。

だが、農業に下肥を用いなかったヨーロッパなどの社会では、都市の街路は、建物各階の窓辺から随意に投げ捨てられる糞便にしとどに塗れていたそうだ。街路を行き来する市民は、不意にどこからか降りかかって来る糞尿塊の脅威に戦々恐々としていなければならなかったのだ。それゆえに、糞便は目にするどころか、口にするのも忌まれるものとなり、放屁もまたあわれその道連れになった。

しかも、文明の発展とは、「文化／自然」の対比と区分をどこまでも徹底して、その秩序をより複雑な体系へと構築してゆくことを意味している。衛生思想の普及と相まって、エチケットの洗練がエンツェンスベルガーの愛した糞便の「平和」さを不当に疎んじて、放屁と一緒に糞便を暮らしから排除していったのである。

工業化と汚れの概念

さらに工業化のエートスは、（糞便や屁を極とする）汚れを極端に嫌う類の精神構造と深く通底し合っている。

それは、個々の人々をその生まれ育った社会から切り離し、バラバラにして都市に呼び集め、工場生産の都合に応じて、その都度再組織化して適宜生産ラインの前に並ばせる。そうしなければ、仮にも工業化は実現しない。だから工業社会では、特定の人と人とがベッタリくっつき合った田舎の人間関係と、それに由来する人なつっこい心のあり方は、はじめから排除されなければならないものだった。この状況を人々の心の内側から、あくまでも自発的に、いかにも巧妙に導くべく形成されたのが、「汚れ」を排斥する清潔好みの心理だった。

「汚れ」(穢れ)とは何か。それは、(典型的には)「私」(自己)の身体に他者の痕跡が纏わりつく時に、感覚的に実体として感じ取られる、違和感の源である。つまり「汚れ」の観念とは、「自然」ないしは他者性の突出に対する、自己の側の恐怖感や嫌悪感の象徴形式に他ならない。

清潔とは、汚れを取り除くことであり、突き詰めれば自他の間の距離が恒常的に大きく確保されていることだ。それは、工業社会の心性にかなう。こうして近年、たとえば夥しい種類の抗菌グッズが次々に開発されて、急速に普及した。さらに、日本人が発明した「口臭計」などは、汚れを可視化するとともに数値化して自他を引き離そうとする、観念脅迫的な装置の極致といえる徒花だろう。

清潔思想がいわば自発的に内面化され、徹底されている工業社会では、そうした自他を俊別する思想と機構の矛先は、腸内細菌までも「内なる他者」として識別するところにまで及んだ。その結果、O157などの常在の大腸菌が、宿主である「私」(自己)に反撃し始めて、食中毒を引き起こすような現実さえも誘導してしまった。これは、花粉症やアトピー性皮膚炎の場合と同じく、「自己/他者」の距離をデジタルに確保する清潔思想がかえって「私」という自明の感覚と秩序を曖昧にするしたたかな逆説を呼び込んで、「私」という現象を、その深奥となる最前線で崩壊させている一例である。

屁のポルノグラフィー

さらに、日本の過剰な清潔志向は、自動洗浄式便器という画期的なシステム商品を開発して、成功を収めた。ところが、その普及も、逆に人体の汚れへの耐性を奪って、若い女性の間にクラミジアなどの感染症患者を増やすという、思いがけない結果に繋がっている。

そればかりか、排泄音を消す音響装置を女便所に設置することも、今日ではかなり一般的になった。こうして、屁は（糞便とともに）今や高度に工業化された日本社会から徹底的に排撃され、どこにも存在すべからざるものになってしまったのである。

しかしながら、隠されたものは、必ず強い、しかも密かな、時には隠微な注意をひかずにはいない。（パンツは脱ぐために履くものだと看破して一世を風靡した栗本慎一郎は、人間を「パンツをはいたサル」と呼んで憚《はばか》らなかった。この表現は、人間を「裸のサル」と名付けたデズモンド・モリスを見事に切り換えして鮮やかだった。）この事態を、死が日常生活から徹底的に隠蔽され、逆にそれによっていびつな関心を招くという現象である「死のポルノグラフィー」化に準《なぞら》えることができるかも知れない。つまり、「屁のポルノグラフィー」として。

最大の受難者は、やはりこの場合も、ことにうら若い女性たちである。なにしろ、放屁が怖くて性の喜びを感じるまでには安んじて心を開けない、「放屁不感症」なるものに苦しむ女性が少なくないと言う。それどころか、たった一度の阻喪や、失敗したという思い込みのゆえに、それからはどうしても気後れがして、学校や職場へ出向くことに苦痛を感じる女性が増え続けているそうだ。これを「おなら（恐怖）症」と呼ぶらしい。

俗に「胃袋」と呼ばれる胃は、実は、そのどこか鷹揚で長閑《のどか》な語感とは裏腹に、時々刻々我々の精神状態を直に映す、過敏なまでに繊細な臓器なのである。だから若い女性たちの心の不安は、胃の不調に直結して、ますます腸内ガスの発生を促すことになる。そして、この悪循環が、彼女たちをジワジワと対人恐怖症へと追い詰めて行くのである。しかし、症状の発現と容態にはこのような心理的な要因が大きいだけに、現代医学では即効的な対処法が容易に見つからないと言われている。

人の身体の内なる風である屁。そのこうした心身への暴威、あるいは呪縛の前に、現代人もその科学も、かくも哀れに無力なのである。

心騒ぐ屁

不意に訪れてたちまち人を破滅に導きかねない屁。心底恐るべし。それにもかかわらず、あるいは同時にそれゆえに、屁になみなみならぬ関心を密かに抱いている人は、実のところ、決して少なくないらしい。

どこでも誰からも疎まれる屁。だが、屁にはどこか懐かしく、なぜか心引かれる、不思議な何かがある。そこには、轟々と吹き荒れる暴風の日に不思議に痛く心騒ぎして、わざわざ街へと出て行って風の最中をふらふら彷徨い歩いたり、防波堤を乗り越えて砕ける高波を波止場まで見物に出掛ける類の、不穏な心理に通じる何ものかものかがありそうだ。

端的に言えば、それはタナトス（死の欲望）の高まりのなせる業である。人が人間という社会的存在の複雑さと不自由さを生きる現実は、一面では誰にとっても厄介であり、できれば投げ出してしまいたいほどの重荷でもある。かくして人生は、時として切なく辛い。だからこそ、思うさま吹き荒れて声の限りに咆哮する暴風雨は、抑えに抑えて内心にたくし込んできた暴力や破壊の衝動のたまさかの発現を、爽快なまでに荒々しい威力をもって連想させてくれるのだ。物堅く隠忍自重して営々と築いてきた地位も財産も家族も、何もかも皆擲って、すべてを御破算にできればどんなに楽になれるだろうか。さあ、思い切って一切を放り出して無に帰するべし……。タナトスから流れ出すそんな誘惑を秘めた低い囁き声が、風の中に混じって谺しているのが聞こえてくるのである。

奔放な暴風と同様に、放埓な放屁は、「屁のポルノグラフィ」を軽く一蹴する。鳴りおさめないこの響声もまた、タナトスの高まりを映しているのだから。先に、屁の匂い、つまり糞便の匂いは腐敗と死の匂いでもある、と述べたことを思い出して欲しい。その匂いは、生命の秘密である新陳代謝が決して一義的な生の謳歌などではなく、生と死の交換の絶えざる過程であることを暴露してしまうのである。生きるとは、一面で死につつあることに他ならないという逆説でもある。

ジャン・ジュネは自分の屁の臭いをこの上もなく愛した。毛布にすっぽり身を包んで放屁すると、その心地良い香りに耽溺して、少しも外へ漏らすまいとした。その香りの甘さは、タナトスの甘い誘惑の安らぎに他ならなかったと見て、ほぼ誤ることはあるまい。

そしてまた、九里四方に轟きわたったたという、怪童パンタグリュエルの放屁の破壊的な威力を思ってもみて欲しい。文学という精神性の領域では、体内の内なる風が大自然の大いなる外なる風と相並ぶ宇宙的なスケールと暴威を獲得している。この事実を、そこに確認できるのである。

生を謳歌する健康なスカトロジーの精神は、生の滅却を誘引する破壊的なタナトスの誘惑と、どこかでメビウスの帯のように捩じれ合いながら、一体的に表裏をなしているのではないか。ちょうど自然と人体とが作り出しているトポスと同じように。

シュールリアリスト宣言

だからこそ、放屁は「シュール・レアリストなら誰でも一度はとり組むテーマ」だと、故寺山修司は言ったのだ。そして、彼はさらに言う。「尻から吐きだす言葉が屁で、口から吐きだす屁が言葉」であると（『超時間対談』）。なるほど、言葉と屁とは、上下対称な二つの口から発せられる呼気として確かに対称であり、且つ（言語として）分節されるものと分節されないものとして非対称である。

言葉と屁は、（先に述べたように）「上の屁」と「下の屁」としての構造的な対称性をもつ屁とオクビ（ゲップ）の間でと同じように、相互に構造的な関係性を見出せる、人間の生産物としての風である。確かに、両者の意図的、修辞的な混同が、古今東西、恰好の滑稽の素材として笑いを誘ってきたという、文学の長い実際の歴史がある。そして、寺山のような発言をしたシュールリアリストたちは、洋の東西を問わず、決して少なくはなかった。

とは言え、寺山の発言でことに重要なのは、次のことを見事に指摘したことである。すなわちガルガンチュアやパンタグリュエルの産みの親であるラブレーは、当たり前のことをナンセンスな文体で書いたのであって、ナンセンスなことを当たり前の文体で書いたのではない、と。誠に鋭く、適切な指摘ではないか。

スカトロジーの本義

この発言で寺山修司が伝えようとしたのは、おそらく、次のようなことであっただろう。まずもって、ありのままの「人間の自然」を当たり前の現実として受け入れて、全面肯定する。そして、それを足場に、硬直して息苦しくなっている感覚（センス）をナンセンスの威力で破壊し尽くす。そこにこそ、タナトス（死の欲望）によってエロス（生の欲望）を蘇らせるという、スカトロジーの本義があるに違いない、と。

本書『放屁という覚醒』を嚆矢として、私がこれから何冊か書き継いでゆくであろう「人類学的放屁論のフィールド」の諸篇は、この「《序説》薫風響声考」で以上に簡略に素描したような、大まかな見取り図の下に構想されている。流れる風がそこここで不意に渦を巻くように、諸篇は、思い思いのテーマをめぐって気ままに大小の渦巻を作り出し、やがて徐《おもむ》ろに別のテーマへと誘われて流れ出して行くであろう。

ただし、放屁をめぐるこのような人間の哀感に関しても、「神は細部に宿りたまう」というのは、確かに変わることのない永遠の真理である。内なる風の暴威に抗してその制御を絶えず求められている、社会的動物としての人間。その「人間」が内なる風をめぐって繰り広げる、どうしても避ける術のない絶望的な奮闘。その種々相、そしてその文化的に多元的な対照の妙。それらが浮き上がらせることになる、人間存在の可笑しさと哀しさ。そして、いとおしさ。それこそが、「人類学的放屁論のフィールド」の名の下に書かれるべきものであると信じている。

さてさて、長々と屁理屈をこね過ぎた。そう、天の高みを吹き渡る風に乗って、さあ今こそ魂を軽々と飛翔させよう。そして、まずこの巻では、いざアフリカのサバンナへと赴こう。

放屁という覚醒

放屁という覚醒

1 放屁という覚醒

放屁という卑近な、だができれば意識からそっと遠ざけておきたい生理現象に深い関心を抱くようになったのには、一つの重大なきっかけがある。それは、アフリカで続けてきた長年のフィールドワークの中で経験した、或る小さからぬ文化衝撃（カルチュア・ショック）であった。正直にいえば、それは文化人類学徒である私にとってもほとんど予想もしない形のものであり、長いアフリカとの付き合いの中でも、仮に最大ではないとしても、とても深刻な文化衝撃であったといえる。

身体という謙虚な知性

文化衝撃は、人を深く困惑させ、しばしば途方に暮れさせる。だが反面では、自分自身と自分の文化からやや距離をおいてそれらを冷静に見直す健やかな契機ともなって、しばしばいささかの覚醒をもたらすものである。

私は、この後すぐに述べるようないかにも迂闊な経験をして以来、放屁を生理現象という以上に、むしろ明確に文化現象（あるいは社会現象）という視点から眺めるようになった。すると放屁現象は、文化とは何かを考えるうえで、絶えず感性と思考とを刺激して新たな発想を誘う、尽きることのない知の源泉となってくれたのである。

文化を考えるとは、言い換えれば、文化を生きる動物であることを何にもまして本質的な特徴とする人間とは何かをめぐって、深く思いを致す営みである。それゆえに、アフリカでの放屁をめぐる文化衝撃の経験は、文化人類学徒である私にとって、またとない覚醒をもたらしてくれた学問の一つの賜物と言わなければならない。それはまさに、身体をもった一人の人間として、研究対象の社会の真っ只中で、しかもその別け隔てのない一員として受け入れられて暮らす人類学のフィールドワークのみが与えてくれる、懐の深い恵みであったのだ。

長期間の参与的なフィールドワークは、自らの身をもってする経験を通して考えるという、文化人類学の営みには不可欠の実践であり、また学問的な方法である。自らの身体を通して考えるとは、たとえば死がそうであるような、人間である限り避けることができない絶対的な生の前提条件を相手と分け合っている事実を、常に深く意識しながら発想することに他ならない。

そうした性格をもつ文化人類学（社会人類学）のフィールドワークには、生来傲岸不遜な傾きのある私をいささかでも謙虚にしてくれる魔法の力があった。

アフリカ人は放屁しない？

東アフリカで毎年のようにフィールドワークを重ねてきて、何年目かのことである。長く付き合ってきた西南ケニアのキプシギスの人々をはじめ、どの民族であっても、アフリカの人々が放屁するのをまだ一度も耳にして（いや、透かしっ屁もあるから「経験」して）いないことに、何かの折りにふと気付いてしまった。放屁しないのは、決して女性だけではない。男性はもちろん、子供ですら放屁するのを見たことがなかったのである。

一旦いざこう気付いてみると、それはいかにも不思議なことであり、考えれば考えるほど不思議さが募って、そこからいろんな疑問が次々に湧き出てきた。放屁しないで生きていける人間など到底いるはずがないのは、言うまでもない。だから、多くの社会で、放屁への密かでも根強い関心が文化の底流に溶け込んでいる。ことにわが日本では、フランスと並んで、古来放屁の話題には事欠かない。ところが一方、或いは表向きだけであるのかも知れないが、ひょっとしたら誰も一人として放屁しないのではないかと思える一つの大陸が存在しているらしいとは、恐るべき奇跡のように思えてきたのである。

ただその一方では、まったく思いもかけず、いかにも困った展開になってしまった。というのも、右のように考え始めるや否や、アフリカの人々の優雅で且つ毅然とした姿の陰画として、日夜放屁に暇のない、いかにもぶざまというしかない私自身の姿が忽然と大きく意識にのぼってきたからである。こうして、私の私自身に対するアフリカでのイメージは、観察する者（文化人類学徒）からむしろ観察される者（異人）へと、一気に置き変わってしまった。

それどころか、自分がその地域共同体の一員として暮らしつつその文化の論理と社会の成り立ちを研究してきた民族について、彼らのもっとも重大な文化規範の一つを端から見逃していて、これまで少しも気付かなかったとすれば、人類学のフィールドワーカーとしては失格なのではないか。そう思い至った途端に、幾年分もの冷や汗が一斉にドッと吹き出す思いがして、暫くはすっかり意気消沈してしまった。

それでも、何とかこの不吉な仮定を打ち消そうとしてみるのだが、やはり「音無し」の大陸という独特の精神世界は確かに存在し、しかも決して偶然の産物ではあり得なかった。きっと、どこかに何か大きな背景があるはずだ。繰り返しどう楽天的になろうと努めて気を引き立たせて「無放屁大陸幻想」を打ち消そうと試みてみても、結局は、それが幻想ではないと思い定めて観念するしかなかった。

穴便所への小旅行

アフリカ（ケニア）での最初のフィールドワークは、一九七九年夏から翌年の春にかけてのことだった。それ以来ずっと、アフリカでは私の胃腸は何時もひどい恐慌状態で、常習的な下痢と間断ない放屁に苦しめられ続けた。ことに、どの調査でも最初の数週間は、お腹が現地の食事にどうしてもうまく馴染まず、格別に苦しい時期であった。そんな時には、昼と夜とを問わず、一日の内に一体幾度厠へ通ったことだろうか。中でも、一九九八年の調査の始まりの時期は、胃腸の不調は格別にひどいもので、なんとも辛い月日を送っていた。

私は、西ケニアの、かつては牛牧の民で、現在では半農半牧を生業とする（南ナイル語系の）キプシギスの人々の村に小屋を一軒借り、同じ郡の隣り合う幾つかの村に長年住み込んできた——今では小さな家がある。食べ物は、そっくり下宿先の母屋から供してもらい、家主の家族と同じ物を食べるのである。人々は私をアラップ・チェモスス（何でも食べる者）と呼んだ。朝はミルク・ティーのみ、昼と晩は大概トウモロコシ粉を湯で練り固めたもの（キプシギス語ではキミィエット、スワヒリ語ならウガリ）と、牛乳かミルク・ティー。もっとも、昼食か夕食には、塩で薄く味付けした少量の煮た野菜（たいていは、最近日本では青汁の原料として知られるようになったケール）が添えられることも珍しくない。ただし、肉片がそれに加わることは、実に稀だった。これが連日、連綿と飽きることなく供され続ける、キプシギスの田舎の庶民の食事の平均的な中身である。

一九九八年に住み込んだ家の広大な敷地（農牧地）には、どの小屋からもかなり離れた位置にあるちっぽけな低い丘の頂に、穴便所（ピット・ラトリン）が設けてあった。それは、五〜六メートルほどの深さの堅穴を掘って、その上に板を並べ渡した、ごく簡便な作りのものである。その穴の上には、ケニアの田舎では馴染みの、まるで電話ボックスとそっくりな形と大きさをした箱型の木造の簡素な建屋が載っていた。

私の小屋から外便所のある小さな丘までの距離は、五十メートルほどもあったろうか。その間には、モーリシャス刺の木の生垣か有刺鉄線で仕切られた、幾つかのパドック（家畜用の囲み地）や粗末な菜園が設けられていた。用便の度ごとに、私は、地面に並行する幾条かの有刺鉄線を両手で上下に押し広げてその隙間を通り抜けたり、生垣に掛かっている粗末な梯子の昇り降りを繰り返して、やっと外便所に辿り着くのである。身体や衣服のどこかを鉄線の刺に引っかけずに通り抜けるのは、馴れない私には、明るい日中でも決して容易なわざではなかった。白人入植者が生垣用に移入したモーリシャス刺の木には丸まった鍵爪状の鋭い刺がびっしり生えていて、ちょっとでも皮膚にひっかかると蛸の触手のごとく絡まって来る。逃がれようと身体を少しでも動かすと、刺はきつく抗ってバリバリと衣服ごと皮膚や肉を破り取った。

広い農牧地をもつこの家で間借り（小屋借り）していた頃は、「ちょっとそこいらまで旅に」という用便を婉曲に意味する英語表現が、しきりと脳裏に浮かんできた。それが婉曲とも誇張とも少しも思えず、まさしく現実の忠実な記述そのもののとして感じられたからだった。ひょっとしたら、この表現もこの土地で私が初めて経験したものに似た田園生活を語源的背景としてもっているのではあるまいかと、真面目に考え始めていた。たわいもないことだ。それを思い出すと、今でも、堪え切れない笑いが腹の奥底から込み上げてくる。

天空の音楽へのハードリング

わけても、雨季の闇の夜を無事に過ごすのは難関だった。夜更けに、土間のベッド上の寝袋から這い出してきて懐中電灯の明かりで衣服を整え、靴を履いて紐を結び、トイレット・ペーパーを千切ってポケットに詰め込む。それからドアを開けて戸外に出、懐中電灯を頼りに幾つかのパドックや菜園の梯子を乗り越え、寝ている牛たちの間をそっと縫い、牛糞やぬかるみを避け、マラリア蚊を払い退けつつ、あの外便所のある小丘の頂をめざすのだ。そして、どうにか間に合って事なきを得てほっと一息つくと間もなく、帰り道、また同じ苦業に立ち向かうのだ。だが、ベッドに帰り着いて寝ついたかと思う間もなく、またもや激しい便意で突然目覚めることになるのである。

長引く下痢に苦しんでいた私は、この苦行難行を密かに「ハードリング」とか「ステイプル・チェイス」（障害競走）と呼んで、しばしば、しみじみと苦笑する仕儀になった。この場合競技者として先を争うのは、私自身と、（他でもない調子が悪くて気短な）我がものながら意のままにならぬ胃腸だ。間違っても、笑い事ではない。これは、体面と威厳を保つべく必勝を期して、何が何でも戦い抜かなければならない、大げさにいえば命懸けの「競技」だったのだから。

日本ではあまり知られていないけれども、キプシギス人を最大の分派とするケニアのカレンジン諸民族は、一九七〇年代初めから久しく世界の陸上競技長距離部門を席捲してきた、あの無尽蔵とも思えるほど次々と新しい才能が湧き出してくるケニアのランナーたちの、ほぼ独占的とも言える供給源だったのである。中でも、男子三千メートル障害競走では、メキシコ・オリンピック以来、オリンピックや世界選手権のメダル、ことに金メダルを彼らがほとんど独占してきた。そして今や世界中の主な都市マラソンのみならず、至る所で開かれるちょっとした都市マラソンの上位入賞者をどこでも一人占めにしている感がある。ケニアの第一の輸出品が長距離ランナーだとは、もう冗談でも俗説でもなくなった。長年世界第四位の生産額を誇った自慢の換金作物である茶の輸出額を、彼らの稼ぐ年間賞金総額が本当に上回るようになったのだった。

彼らを（名前で）他のケニアの民族の選手たちと簡単に見分ける一つの目安は、男性ならキプ（Kip-）、女性ならチェプ（Chep-）という接頭辞を個人名としてもっている（人が多い）ことである。ケニア人も、彼らカレンジン人の選手たちを俗に「キプたち」と呼んで総称することがある。

そこで私は、キプシギスの人たちに向かって、幾度か、こう軽口を叩いてみたものだった。あなたたちがこの競技の不動の世界チャンピオンであり続けているのは、生まれてこの方、誰もが有刺鉄線やモーリシャス刺の木の「ハードリング」訓練を日夜怠ったことがないからに違いない。違いますか。

さて、この年のと或る日、やはり深更に便意を催して突然起き出すはめになった私は、だらだらと長く続いている下痢で弱った足を励ましつつ、例によって「トイレの丘」まで真夜中の「ハードリング」を続けた。そして、障害物をかい潜り、乗り越えながら、どうにかこうにか危うく間にあって便所に駆け込み、扉を閉める暇もなくズボンを大慌てで引き下ろす。そして、その夜何度目かの水のような便をした。大きな息をつきつき、今回も間一髪で事なきを得たという深い安堵感とともにふと我に返ると、開け放たれた外便所の扉の外の視界には星明りがあって、放牧地が広々と開けている。そして、いつの間にか美しく晴れ上がった夜空に満天の星々が隙間を争って犇き合い、その星たちがわずかに埋め余した合間の闇を（日本のヒメホタルのように陸棲の小さな）蛍たちがチラホラ飛び交っていた。

一体どれ位の時間だっただろうか。私はしゃがみこんで、剥き出しにした尻を赤道直下の高原の（しかし）底冷えのする冷たい夜気に晒したまま、一時も脳裏を離れることのないマラリア蚊の危険さえも忘れて放心して、その星と螢の無数の輝きの饗宴に見惚れていた。

あたりには、この天空の音楽に唱和するかのように、キプシギスの蛙たちの不思議な声が夜露に濡れた草原やそこここの小さなため池から響いてくる。この蛙は、大きな水滴が水面に落ちる時にたてる「ピヨーォン」という澄んだ音を純化して電子音楽にしたという他ない、えも言われぬ霊妙な声を上げてそこここで間欠的に鳴き続けるのだった。

文化衝撃の二つの型

情けないことに、腹の不調の原因が雨水や貯水池の水を飲み水にしていること以上に、日本人に多い「牛乳不耐性」にあるだろうとやっと思い至ったのは、遥かに後のことである。遅ればせながら、調査仲間の忠告に従って（つまり、アラップ・チェモスス〈何でも食べる者〉と呼ばれるラディカルなフィールドワーカーだという青臭い粋がり方をやっと捨てて）普通の牛乳や酸乳などを飲まないという決意をしてからは、確かに状況が劇的に改善した。だが、それでもなおアフリカの人々のように「水も漏らさぬ」放屁抑制の倫理規範を貫徹することなど、平均的な日本人である私には、できようはずもなかった。そんなしんどい我慢は、とても無理だった。

だから、一言でいえば、アフリカの人々の率直な目には、私は途方もない「人でなし」に久しく映っていたに違いあるまい。

アフリカの田舎に実際に住み込んで長期のフィールドワークをした人なら、おそらく誰もが、何らかの仕方で放屁に関するこの種の文化衝撃を経験しているはずである。ただし、それが私の場合と同じ仕方のものであるとは、少しも限らない。アフリカの民族文化は、その土地土地でそれぞれに豊かで多彩であるからであり、且つ調査者のみならずその胃腸もまた個性的であるからだ。

文化衝撃には、異なる文化の入口でいきなりぶつかるタイプと、その文化に深く分け入ってからやっと遭遇するタイプとがあると、よく言われる。キプシギスでの私の「反放屁文化」体験は、後者の典型的な一例だと言えよう。それは、私の情けないほどの鈍感さとキプシギスの人々のあけすけには物を言わない、つまり近隣の民族に比べてもずっと慎ましいパーソナリティの組み合わせによる、相乗作用の結果であっただろう。

ファート一発!

一方、その私の経験とはまったく対照的な仕方で、早々と放屁の文化衝撃に見舞われた日本の研究者がいる。

東京の或る国立大学法人の研究所に勤務するHさんは、若い頃から東部アフリカの各地でフィールドワークの経験を積んで、系統が大きく異なる幾つものアフリカの言語に精通した、素晴らしく有能な言語学のフィールドワーカーである。このHさんがエチオピア南部のコエグ人の言語を初めて現地で調査したのは、確か一九九一年か、或いはもう少し前のことであったように思う。彼は、そのフィールドワークの最初の一頁で、早くも唐突に文化衝撃を受けたのであった——もっとも、コエグの人々の立場に配慮すれば、彼が文化衝撃を「与えた」というのが、より正確で公平な表現であろう。

Hさんが夫人と二人でコエグ人の或る村に入って行くと、遠くから彼らの姿に気付いて目で追っていた村人たちが、次々に集まってきた。彼らは、人懐っこくて、物見高かった。間もなく、二人は主に女性や子供からなる、三、四十人ほどの群衆に取り囲まれてしまう。好奇心で一杯の群衆は、二人の頭のてっぺんから足の爪先までジロジロ観察しては、あれこれ囁き合ったり、クスクス笑い出したり、ちょっと体や髪や持ち物に触ってみたりして、興味深げに、ワイワイ陽気にはしゃいでいた。

その内に、まだ言葉もよくわからず、応対に窮してどうしたものかと思案に暮れていたHさんが、不意に「ボン！」と大きな音を立てて屁を一発放った——機械音のないアフリカの田舎の静謐な環境では、人の声や物音は驚くほどよく響き渡って、遠くにまではっきりと伝わる。この優秀な言語学者も、この面では、ありがちな日本人の亭主の一人に過ぎなかったのだ。

不意打ちを食らったコエグの人たちは、驚きに驚いて慌てふためき、文字通り、蜘蛛の子を散らすように四方八方へと一斉に駆け出して逃げ去った。走り出した拍子にそこいらの物に蹴躓いたり、脇の人を突きのけたりしながら、皆一目散に物陰に駆け込もうとしたのである。幾人かの子供が突き飛ばされたり踏みつけられたりして泣き叫び、先程までの陽気で打ち解けた出会いの和やかな雰囲気は一瞬のうちに雲散霧消して、阿鼻叫喚の修羅場が忽ち現出した。気がついた時には、Hさん夫妻はその場にポツンと二人だけ取り残されて、茫然と立ちつくしていたのであった。

これは、ケニアの首都ナイロビで偶々Hさん夫妻と出会って、或るレストランで会食した席上、夫人から伺った逸話である。

息抜きのできる社会、できない社会

もう一例、親しい人類学者のアフリカ経験を引用してみよう。国立民族学博物館館長の松園万亀雄さんは、キプシギスと隣合って住むケニアの（バントゥ語系の）農耕民族であるグシイ人の間で、長年フィールドワークを行っている。松園さんが放屁についての文化衝撃を経験したのは、タイミングとしては、いわば私とHさんの中間の頃合いであったと言えるだろう。

松園さんの放屁のタブーとの係わり方は、いかにもこの人らしく、よく中庸を弁《わきま》えて味わい深いものである。即ち、Hさんの場合ほど唐突で「破壊的」でもなく、また私の場合のように、後から自分の鈍感さに気付いて忸怩たる思いを抱え込むような愚かさもない。

彼は、やがて巧みにグシイの子供たちを籠絡し、時には道化役を務めてやって、放屁を一緒に楽しむ余裕さえ見せている。そのみごとな対処法は、俳味さえ伺わせる秀逸なものになっていくのである。もう一つの寛いだ日常として、フィールドワークの日々を肩の力を抜いて自在に生きていく、円熟して老練な、一人の優れた人類学のフィールドワーカーの現場をそこに見出すことができるだろう。

グシイでの、初期のフィールドワークのことである。松園さんが苦労して見つけた田舎の住み込み先で相部屋することになった、その家の息子バブチは、十日も経つと、「あんたはベッドで屁をとばす、だから寝苦しいというのではないが気にはなる」と告白した。バブチは、それにくわえて、「細い山道でみんながあんたの後ろにつきたがらないのをしっているか」と追い討ちをかけるのだった。こうして、松園さんは、性や排泄、あるいは身体の露出や接触の「異常なまでのつつましさ―禁制」がグシイ人の行動規範の核心にあることに厭というほど気付かされたのである。グシイの人々がそれらの事柄に関連する言動にいかに過敏に反応したか、松園さんは幾つもの具体例を積み重ねて、雄弁に物語っている(『グシイ』)。

ここで暫く、その放屁に関係する記述を追ってみよう。まずグシイでは、同性の親しい友人の前であっても放屁してはならないのだと言う。それで、松園さんは、大人の目の前で放屁するのは我慢することにした。この原則に少しも例外がないとすれば、なるほど、日本人にはこれはなかなか厳しい。私の知り合いのグシイ人が、放屁されると嘔吐する人さえいると語っていたのを思い出す。

ちなみに、北ケニアの乾燥地に住むクシュ語系の牧畜民であるガブラ人の間でフィールドワークを行った文化人類学者、故原子令三さんによると、ガブラでも放屁の禁忌はなかなか厳格だが、放屁が許される巧妙な工夫が(少なくとも男性長老には)ちゃんとある。長老階梯に属する年齢組の成員、つまり「長老」たちが集まって昼寝する一角が、どのコンパウンド(木の枝の柵を住居群全体の周囲に巡らした小集落)にも作られていて、そこでは老人がおおっぴらに放屁していたそうだ。それで、老人階梯にある年齢組に加入すると或る日自ら宣言したんだ、と原子さんは語っていた。彼は、何よりも、アジール(聖なる避難所)ともいえるこの一角で放屁する自由を手に入れたかったのかも知れない。ちなみに、この「聖なる」場所がガブラ語でガスと呼ばれるのは、まったく偶然の悪戯であるに過ぎない。

鍛練また鍛練

さらに、松園さんの『グシイ』の記述を追ってみよう。

グシイでは、小学校の三、四年生ほどの年齢で男女ともに割礼を受ける。男の子も女の子もこの年齢に近づく頃には、それまでずっと親兄弟から叱られたり叩かれたりしながら仕込まれてきた体験から、放屁が無礼だとそれなりに弁えるようになる。だからこそ、割礼を済まして身体が成熟してきてもまだ今一つ信頼のおけない人物に対しては、「あいつはまだ屁をひるから」という言いまわしがよく使われるのだそうだ。同様に、学「校内での『音楽』(放屁のこと)も教師のムチ打ちをまねく」ことになる。それは、割礼を済ませた者なら分別を当然備えていて、誰であれ他人のいる所では、決して放屁しないものだと観念されているからである。

性的な規範を遵守する礼節は、割礼を受けると正式に要求されるようになる。「割礼は尊敬のためだから」と、私の知人のグシイ人は述べた。松園さんによると、その規範の遵守は結婚によって完全なものになる、とグシイ人は考えている。伴侶の前で放屁することなど、グシイ人には想像もできないらしい。なお、私自身の知識では、グシイ人は、一緒に寝ていた妻がもしも就寝中に放屁したら、それ以降ベッドを別にする。さらに、万一妻が意図的に夫の前で放屁するようなことがあれば、夫は離婚の正当な権利を得るのである。

松園さんによると、ことに目上の異性の前で放屁することは、甚だしい侮辱と見なされている。だから父親も、子供が放屁を我慢できるかどうかで、割礼を受けるに十分なまでに既に成熟したかどうかを判断するのだという。

私が長年暮らしを共にしてきたキプシギスの人々が割礼を受ける資格の有無に関して強く拘泥するのは、ただその手術の激しい痛みに耐えて、決して泣き声を立てないという一点だけ、つまり勇気ある忍耐を知っているかどうかということのみである。だが、グシイでは、「割礼のときの手術の痛みをこらえることもだいじだが、母親の前で屁をがまんしていられるようでないと息子に割礼はうけさせられない、と父親はかんがえる」そうだ。これを読むと、松園さんが、グシイ人の性や排泄、あるいは身体の露出や接触の「異常なまでのつつましさ—禁制」に繰り返し言及しているのも、なるほどと頷ける。

ところで、松園さん自身は、大人の前ではともかく、割礼前の小さな子供たちの前では放屁を我慢しないことに決めた。農耕民の伝統をもち、トウモロコシ、豆類、サツマイモをふんだんに食べるグシイ人の食生活では、「どうしたって快音がでないはずはない」のだから。それらの主食用の作物だけではない。元々は牛牧民だったキプシギス人とは異なり、昔も今も勤勉な農耕民であるグシイ人が自家で栽培していて、副食やオヤツにもよく食べる、各種のバナナ、マンゴー、パパイヤ、パイナップル、グァバなどの熱帯性の果物の糖分は消化吸収されにくく、これもまた腸内ガスの有力な発生源となる。

「文字どおり五臓六腑をガスがかけめぐるときの苦しさはなみたいていのものではないが、グシイの大人はみんな小さいときからの自己鍛練でそれに耐えているのだ」。

笑わぬ民を笑わせる

松園さんが放屁した時の、子供たちの反応が何とも健気で面白い。始めの内は松園さんの放風に気付いても、その素振りを見せたり、それを曖気《おくび》に出して何か言ったりすることは決してなかった。大人を見習って、まるで何事もなかった風を装い通そうとするのである。性や排泄のタブーにうるさいグシイ人の大人の間でも、実は放屁程度なら、誰も気付かなかったという態度でやりすごすのが普通なのだ——すると、敢えて松園さんに面と向かって忠告したバブチは、きっとありがちな日本人の無作法に余程困り果てていたのだろうと思われる。

少し気をつけて観察すれば、自分の放屁が子供たちを少なからず動揺させていることが、松園さんには、手に取るようにわかった。

そこで発射から七、八秒の間をおいて「いまのはなに」ときいたり、首をふりながら「あーあ、オモムラ（割礼のすんだ未婚の男）のぼくが、なんてことを」とへたなグシイ語でいう。とたんに蜂の巣をつっついたような大騒ぎになり、少年たちは喉から内蔵がとびだすような大声で笑いころげる。

生き返るような心地がしたのは、こうして堂々と放屁する手だてを巧みに編み出した、松園さん一人だけではあるまい。放屁を種に、生まれて初めて内蔵が引っ繰り返るばかりに笑いころげることができるようになった子供たちも、きっと同じように救われる思いだったに違いない。

反人間としてのロバ

ロバは日本人には余り馴染みがないのだが、この獣は古今東西、多くの社会で大切な駄獣（挽獣）とされてきた。それにもかかわらず、ロバを下劣な動物として軽蔑する社会は数多い。またその反面では、ユダヤ教徒や初期キリスト教徒が自分たちの神をロバの姿で捉えていたように、ロバを神聖視する文化も、少数ながらある。一言でいえば、ロバは少なからぬ文化で、正または反いずれかの（そして時には同時に両方の）価値を担った、強力な文化表象となってきた動物なのである。

たとえば、スワヒリ人を見てみよう。七世紀頃にアラビア半島から東アフリカ沿岸部の島々へ進出してきた、オマーンを中心とするアラブ人が、バントゥ語系のアフリカ人と混血して成立した人間集団を、スワヒリ人と総称する。彼らの言葉であるスワヒリ語の諺が切り取ったロバの像は、次のようにひどい蔑みに満ちたものだ。「ロバの感謝は、屁をひることだ」。不作法な恩知らずの代表というわけである。なお、ここでは、屁でなくオナラと訳すほうがいいかも知れない。原語の *mashuzi* は音がする放屁で、透かしっ屁 *ufisio* と区別されているからである。

ところで、熊のプーさんの物語に出てくる脇役のロバはイーヨーという名だが、この「イー」は肺臓をひっくり返すか破裂させてしまいそうなロバの激しい呼気、一方「ヨー」はその呼気を丸ごと吸い戻すかのごとくけたたましい吸気を、実にうまく言い表している。スワヒリ語の諺は、そのロバ特有の深呼吸をオナラに準えてみせたのだ。即ち、ロバが上下どちらの口から出すのもつまるところオナラだというのだ——まるで寺山修司が人について述べたように（《序説》参照）。なお、鼓腸（腹鳴り）は *riahi* で、この語は「父なし児」の意味にもなる。

松園さんによれば、グシイ人もロバを放屁との強い連想関係で捉えているそうだ。また「目の恥を与える」獣としても蔑視している。つまり、ロバの屁の音と臭い以上に、日頃の身振りや振る舞いを問題にしているのだ。松園さんは言う。「背骨がひんまがるほど重たい振りわけ荷物をつけて歩かされながら、糞をたれ大きな屁を連発するさまはじつに壮観で、それをみればグシイの心情はあるていど理解できる」と。

傍若無人な放屁ぶり、どこでも唐突に立ち止まったかと思うともう梃子でも動かなくなる依怙地さ、また突然あらぬ方向に走り出す癇の強さなどから、ロバは、グシイでは、自分の身体を意志の力で制御できない、ふしだらな存在の典型だと見られているのである。そうしたロバのイメージは、グシイ人が理想とする人間像をそっくり反転させた「反英雄《アンチヒーロー》」像になっているとでも言えるだろうか。

ロバを食べたほどの飢饉

ちなみに、実に多くのアフリカの民族が、ロバを汚れた動物と見ている。ここで、まず西アフリカの民族の例を一つ紹介しよう。人類学者の川田順造さんは、ブルキナファソのモシ人の間で幾年もフィールドワークを実施した。モシでは、ロバは忍従を強いられている愚かで哀れな存在と見なされていて、話の中でも、ロバの放屁の音の大きさが面白可笑しく語られている。そして、「ロバの真似をして屁をひれば尻が裂ける」と言われるそうだ（『アフリカの声』）。

グシイ人の隣に住む民族であるキプシギス人も、もっとも汚れ（穢れ）にまみれた獣として、やはりロバを蔑んできた。キプシギスでは、人間の内でもっとも汚れが強いと観念されるのは、（割礼を伴う）イニシエーションの隔離期間にある「新参習練者《ノヴィイス》」つまりこれから成人しようとしているまだ新米の若者や娘たちである。だから、以前は「新参習練者」が死ぬと、その地点から半径二、三キロメートルほどの地域に住む人々は、後難を恐れて、土地と建物を放棄して一斉に逃げ出した。

そして、ロバが死んだ場合もまったく同様にしたのである。私の最初のフィールドワークで大家であったエスタおばさんの老母セリーは、キプギシスの土地の南部、ソト地方（ボメット県）で最初にキリスト教徒に改宗した人々の一人で、このタブーを少しも意に介さなかった。そして、ロバが死んで放棄された広大な土地を、無償で合法的に手に入れたのだった。それが子孫の後の繁栄の礎となった。彼女の夫アラップ・セルセルは伝統主義者で、しかも割礼師だったが、この物語をいかにも満足気に語ったものだった。

なお、二〇世紀初めの植民地化前後の時期に、キプシギスの土地を数年おきに断続的に激しい飢饉が見舞っている。なかでも酷かったのが、「革の飢饉」と「ロバ嘶《いなな》かず」と名付けられた二度の飢饉だとされている。「革の飢饉」は、とうとう食べるものが何一つ無くなって、牛の皮でできた衣や野牛の皮製の楯は言うに及ばず、サンダルや荷の担《にな》い紐、果ては剣の鞘などの小さな革製品までも食った、恐ろしい飢餓を記念する呼称である。

「ロバ断かず」は、そんな小さな類の革きれさえも皆食い残さず、ついに他家のロバまで夜中に盗んで食べ尽くしてしまったという意味で命名された、史上最悪の飢饉であった。この名称は、貴重な財であったロバにまで手を出したという意味で付けられたのでは、決してない。各種の皮製品さえも食い尽したので、ついにはあんなに汚らわしいロバまで食わなければ命を繋げなかった恐るべき窮状というのが、その含意である。日本人なら、ドブネズミまで食ったとでも表現するであろうような、キプシギス人にとっての極限状況であった。

ロバ騒動

グシイの市場では、偶々出会った雌ロバを目掛けて雄ロバが猪突猛進して、次のような騒然たる修羅場を展開することがあると、松園さんは書いている。直情径行をならいとするロバは、売り物の野菜や果物、穀物粒、あるいは衣類や日用品の山を物売り台ごと蹴散らしてまで追い駆けっこをする。そして、地面に脚を縛られて転がされている売り物のたくさんの鶏たちが、その煽りを食らって、そこここでけたたましい鳴き声を上げ、狂ったように羽ばたいては土埃をもうもうと舞い上げる……。これは、東アフリカの田舎の他の民族の市場でも時折り目にする光景である。

松園さんによれば、グシイでは、こうした場面での若い女性たちの恐慌と狼狽ぶりは著しく、他の民族の場合と比べても、大変なものらしい。泡を食って「『オーベ、オーベ』と仰天した時の女性特有の声をあげながら、てんでに走りだし、広場のまわりの店舗にかけこんだり、その裏手にまわったりして姿を隠そうとする」のだ。グシイ人の性に対する強烈な羞恥心を示す光景として、松園さんはそれを興味深く描いている。（《序説》で登場して頂いたHさんには誠に申しわけないのだけれど、このくだりの混乱ぶりを読むと、私はコエグの一件をつい連想して笑いだしてしまう。）

一方こんな場面でも、グシイの老女たちは、唖然としながらも、そこそこに落ちついているということだ。グシイでは、棒切れを片手に道でロバを後から追う役割は、大概老女が引き受けているのだが、「グシイにいわせれば彼女たちはとっくに『子どものように恥をわすれてしまった』から平気なのだそうだ」。

肛門を食う

ちなみに、西ケニアでもウガンダとの国境に程近い所に住む、東ナイル語系のテソ人（ウガンダに住む北テソ人に対して南テソ人と呼んで区別することがある）の、これに関連する民俗慣行を、ここで合わせて紹介しておきたい。

彼らの間でも、放屁のタブーはとても厳しい。オナラも透かしっ屁も変わりなく、非常に悪いとされている。まあ許されるのは子供だけで、人前で放屁する者は人間じゃない。異性の前で放屁した者もそうだが、ましてや長老の前で一発やった若者となれば、間違っても見たためしがない。偶々取り外してしまった場合にも、誰一人決してそうは受け取ってはくれない。しかも故意にするのは、酔っぱらいだけで、しかもその人物は実は邪術師だとされているのだから救われない。こんなあたりが、テソ人の放屁観のおおまかなスケッチになるだろう。

ところでテソの人々は、元々牧畜民だったからか、放屁の何よりの素は牛や山羊・羊の肛門で、これを食べると決まって放屁するようになるのだと考えている。ではテソでは、牛や山羊・羊の肛門を食べるのは、当り前のことなのだろうか。もしそうでないとしたら、食べるのは一体誰なのだろうか。実は、それはやはり当り前ではなく、食べてもよいのは非常に年老いた、何時お迎えが来て即刻命を終えることになるかも知れない老人たち（男女）だけだと言う。だから、老人の放屁だけはまったく例外扱いで、そんなに悪いことではないのだそうだ。

いつも快活で飄軽だが、鼻から目に抜けるほど小才が聞いて抜け目がないと、どの民族の人々からも噂されるテソ人たち。少数民族で、自らを「ケニアのお笑い者」と呼んで笑うテソ人。右の民俗からは、放屁観とともに、その彼らの老人観の一端が窺えるだろう。いかにも彼ららしく現実的で、ちょっと突き放してもいる。だが、このような形で老人が僅かながらも肉を確実に手に入れる方途を担保し、且つ老人を尊敬していて、避けることのできない末期の生理条件をいたずらに笑おうとはしていない。一筋縄では行かないが、人間好きで、自他を飾らずに冷静に見据える、彼らの実は屈託のない心根が見えて来はしないだろうか。（以上の叙述と分析は私自身のフィールドワークに基づいている。）

なお、長年テソ人の間で調査をした長島信弘さんがウガンダの北テソ人の社会と文化について、日本人人類学者によるモノグラフの傑作『テソ民族誌』を纏めている。この才気と生気に満ち溢れた作品に感化されて人類学の研究に足を踏み入れた人は少なくない。また、テソ人と長島さんに魅せられた小説家故中島らもさんは、自らテソを訪れて、小説『ガダラの豚』を書いた。

どちらが屁こきか

さて、松園さんや私のような文化人類学のフィールドワーカーも、またHさんのような言語学のフィールドワーカーも、自らが実際に現地に身を置いた長い経験を通して、アフリカ社会ならどこでも「反放屁」の強く禁欲的な倫理観が存在していること、またアフリカで心ならずも放屁してしまったら人々にどんなに絶大な影響を及ぼすことになるか、熟知している。本書でも、アフリカの人々が放屁についていかに厳格な倫理観をもっていて、どんなに懸命に努力してそれを守ろうとしているか、既に十分に例証しただろうと思う。

ところが、先進工業諸国には、自分たちこそがこの種の礼儀を良く弁えている唯一の人間集団であり、一方アフリカをはじめとする、いわゆる（往々「未開人」と呼ばれてきた）開発途上国の諸民族はそうではなく、何時でもどこでも事もなげに放屁していささかも憚らないと（どういう理由からか）思い込んでいる人々が、なぜか多いようだ。

その代表的な例が、「笑い」を論じる時に古典として必ず引き合いに出される、『笑いについて』を著した、フランスのマルセル・パニョルである。彼は、次のように書いている（鈴木力衛訳）。

文明人の許にあっては、生理作用が笑いを生むことは萬人の認めるところである。この領域においては、われわれはすべて平等であり、またそのことをよく知っている。

そして、パニョルは様々な具体例を引いて放屁現象を論じる。ことに、一八九二年に初演して以来、パリの劇場ムーラン・ルージュで空前の当たりをとったベル・エポック時代の放屁芸人（オナラ師）、ジョセフ・ピュジョルの芸のあれこれや稼ぎの途方もなさを仔細に長々と語っている。そして、次いで、こう断言しているのだ。

生理作用は未開人を笑わせないことを指摘しておこう。彼らの許にあっては、それは　公然と、きわめて自由に行われているからだ。人前でそうして欲望を満たす男は、劣等感を抱かない。生理作用を人前でやってのけること、もしくはその故障を告白することが、多くの人々を笑わせるのは、より洗練された民族の許においてである。

ただし、これは彼の純然たる空想か、せいぜいのところ根拠のない無責任な憶測に過ぎない。時代的に無理からぬ面があるとはいえ、パニョルのこの見解は西欧中心主義を丸出しにして毫も疑わず、いささかも恥じるところがない。

もっとも、パニョルの言が必ずしも全面的に間違っているわけではない。「生理作用は未開人を笑わせない」というのは——未開人の語の不適切さを度外視すれば——あながち的外れではないだろう。アフリカの人たちは、先に詳しくふれたグシイ人が典型的な例になるが、少なくとも公然と放屁を面白がる文化的なメンタリティを確かに持ち合わせていない。しかしながら、「彼らの許にあっては、それは公然と、きわめて自由に行われているからだ」というパニョルの断言が、根も葉もない手前勝手な憶測でしかなく、途方もない無責任な言いがかりであることは、これまで見てきた私や松園さんなどのフィールドワークの現実に照らせば、既に火を見るよりも明らかだろう。

ただし、松園さんの機転で放屁を面白がるようになった、前節のグシイの子供たちの例でもわかる通り、アフリカの人々にとっても、放屁は個人的には十分に滑稽であり得るのだ。しかし、それを強く抑止する彼らの伝統的な規範と倫理観が人々の心に重くのしかかっていて、その個人的な心情の発現を堅く禁じているのである。そして、「文字どおり五臓六腑をガスがかけめぐるときの苦しさはなみたいていのものではないが」、「大人はみんな小さいときからの自己鍛練でそれに耐えている」という、まさしく厳粛で、いかにも人間的な事実が確かに生起していることを忘れてはならない。

遠藤周作の『黒ん坊』

日本では、アフリカの人々が自由奔放に放屁するという見方を何らかの仕方で表明した代表的な人物として、遠藤周作を挙げることができるだろう。

遠藤周作の小説『黒ん坊』の主人公は、ツンパ・フランソワ・アシジ・ステファノ・オウグスチーヌという洗礼名と漆黒の肌をもつ、頑強で大柄なアフリカ人男性である。この作品では、主人公は、天正九（一五八一）年、二人の宣教師オルガンチーノとヴァリニャーノに伴われて、京都本能寺で織田信長に拝謁を仰せつけられる。信長は、彼の肌色の真贋に不審を抱いたらしく、まず裸にさせたツンパの上半身を家来に洗わせて確かめる。それから、年齢が二十歳代半ばであることを確認した後、突如「芸をさせてみよ」と命じた。宣教師たちの心配をよそに、ツンパは、「大きなこどものような」笑顔を見せて、小鼓を打ち、腰を前後に振って踊り出した。

そして、「奇声をあげ、とび上がり、それから――それから突然、この権力者の前で前代未聞のことをやってのけたのである。ブー、ブー、ブー」（中略）「高く、低く、強く、弱く、リズムをつけて、得意満面の彼は、屁をもって音を奏していたのである」。信長は満面に朱を注いで、「この無礼者を……斬れ」と怒声を庭中に響きわたらせる。

ツンパの危機を救ったのは、豊臣秀吉だった。彼は、自分の臣下で本間流の槍の使い手である一柳俊之介とその場で立ち会わせて、勝てば許すべしと信長に提案して聞き入れられる。ツンパは、投げ槍という、俊之介ら日本武士の意表を突く挙に出て勝ちを収める。ただし、穂先ではなく、石突を相手の胸に命中させて。相手の生命を奪わない余裕が、彼にはあった。

ところが、信長は再試合を命じる。するとツンパは、猛然と俊之介目掛けて疾走する。また槍を投げると見せて、今度は俊之介の足元の地面を槍で強く突くと、一気に空高く跳躍した。まるで、棒高跳びのように。そして、「『ブウッ、ブウッ』庭中にひびけとばかりの屁をたからかに二発ならして、その姿はもう本能寺の外に消えていた」。

この後、信長が本能寺の変を生き延びていたり、忍者佐助や（忍者霧隠才蔵ならぬ）人買い才蔵が重要な舞台回しをしたり、またツンパがゾウを操って秀吉の軍勢を糞尿攻めで痛めつけたりという風に、奇想天外な筋で物語が運ばれて行く。

それゆえ、主題も、しかとは究め難い。ただ作者は、「臆病で、ブンガ族の集落にいた時も、狩りでは役にたたぬゆえ、奴隷商人に売られた」後、数奇な運命に弄ばれて日本にやってきたツンパの悲運に痛く同情的である。おそらくそれゆえに、ツンパを別け隔てなく受け入れてくれた幾人かの庶民が戦乱と諸将の横暴とに踏みつけられて死ぬと、ツンパが絶望と憤りから権力に抗して戦死を遂げる、という筋立てになっているのだ。

ツンパ実像

そうした筋立ては筋立てとして、遠藤の『黒ん坊』はスカトロジー文学の様相が著しい。なにしろ、書き出しから、黄水という名の奇妙な老人が京で糞便占いで評判を集め、その見立てに導かれてツンパが登場するという趣向になっているのである。また、ツンパの信長の御前試合での立会いの相手である一柳俊之介は、その師匠本間勘由左衛門重成から、便所の「お釣り」、つまり便壺からの跳ね返りを避けながら巧みに排便する修行を課されてから、本間流槍術の奥義を授けられている。しかもその極意は、何と、「心なき、身にもくささは知られけり、湯気発つ糞の秋の夕暮」という、一首の歌の形で伝えられるのだ。言うまでもなく、これは西行の詠歌（「心なき／身にもあはれは／知られけり／鴫立つ沢の／秋の夕暮れ」）のパロディーである。すると、主人公の名前ツンパが、パンツの逆さ語であるのは、十中八九以上確かであろう。

『黒ん坊』は単行本になる以前に、一九七〇年六月二一日号から翌年の三月二八日号まで、『サンデー毎日』誌上に連載された。著者の年譜の或るものは、最初の歴史小説と記している。しかしながら、遠藤が『深い河』と共に自らの柩に収めさせた、キリシタン迫害時代の肥前を舞台とする歴史小説『沈黙』が、その四年も前、即ち一九六六年に既に発表されているから、この判断は首肯し難い。

『黒ん坊』が一応は歴史小説と銘打つゆえか、『信長公記』に、（天正九年）「二月廿三日きりしたん国より黒坊主参り候、年之齢廿六七と見えたり。惣之身の黒き事牛の如し、伴天連召列参御礼申上ども、黒坊主、御面前にて尾籠の振舞あり」と記載されていると、小説の本文には書かれている（『黒ん坊』「異形の者」の章）。

一六〇〇年前後に編まれたと推定される太田牛一の『信長公記』巻之一四には、「二月廿三日……惣之身の黒き事牛の如し」までの記述が確かにある。だが『信長公記』の他の該当する部分の文は、次に引用する通りで、一部を除いて、内容も趣意も大きく異なっている。

実際には、先の部分に続いて、「彼の男、健やかに、器量なり。しかも、強力十の人に勝れたり。伴天連を召し列れ参り、御礼申し上ぐ。誠に以て、御威光、古今に承り及ばず、三国の名物、かく様に希有の物ども、細々拝見、有りがたき御事なり」と記されているのだ。

なおこのアフリカ人については、徳川家康の家臣で、彼を実際に目にした松平主殿助の『家忠日記』の記載事項から、身長六尺二寸もある大男で、弥介という日本名で呼ばれていたことがわかる。信長は、実際には弥介との会見の期日がどうしても待ちきれずに、予定の二日前に彼を召喚した。会った後も大いに気に入って、宣教師たちから有無を言わせず譲り受けたほどであった（藤田みどり『アフリカ「発見」』）。

スカトロジーか

さて、本書のここでの問題は、弥助と呼ばれたこのアフリカ人の実像の歴史的な考証ではない。むしろ遠藤周作が、『黒ん坊』で、彼をモデルにしたツンパを放埓に放屁する不作法者のイメージで造形していることを、どう解釈し、いかに評価するかである。小説では、オルガンチーノ神父は、土下座してツンパの尾籠な振る舞いを信長に必死で詫びる。そのオルガンチーノに、遠藤はこう言わせている。

「生まれつき、作法礼儀をわきまえませぬ黒人ゆえ……お許し下さりませ。決して悪意ではございません……お許し下さりませ」。

果して『黒ん坊』の狙いが、黒人奴隷の運命の不条理を戦国時代の庶民の悲惨に重ね合わせて権力の暴虐を告発することにあったのだろうか。それとも、前代未聞のスカトロジーの滑稽譚を展開することにあったのか。それが問われるべきだろう。スカトロジーとして見た場合には、『黒ん坊』は前者、つまり社会派小説的側面が作品をいささか湿っぽくしていて、ラブレーやゾラの作品の底抜けの哄笑に遠く及ばない。一方、本来社会派小説的側面に主眼があるのなら、スカトロジー的な要素は、明らかになくもがなである。ついでながら、遠藤がノーベル文学賞候補になりながらそれを逸したのは、彼のスカトロジー趣味が気嫌いされたからだとする風評がある。

ちなみに、藤田みどりは、歴史学の研究書である『アフリカ「発見」』の注で、わざわざ遠藤の『黒ん坊』に言及して、次のような趣旨の発言をしている。ツンパという主人公の名前は、一三世紀の中国の地理書『諸蕃志』で（今日では、本土タンガニーカとともにタンザニア連邦を構成する島国である）ザンジバルに当たる「層抜国」の英語訳 **Ts'ong-pa** または **Tsang-pa**「に由来するとも考えられるが、著者一流の冗談とも考えられる」、と。今は安らかに草葉の陰に眠っている（はずの）、狐狸庵先生のあの人なつっこいしたり顔が目に見えるようだ……してやったり。

この問題を解く一つの糸口は、単行本の『黒ん坊』の解説で田邉孝治が手短に指摘したように、『黒ん坊』と「純文学」である『沈黙』との人物設定の或る種の類似性にあると思われる。『沈黙』の裏切り者キチジローもツンパと同様に神父によって日本に連れてこられ、しかも「ともに弱者、哀しい人物である点も共通している」というのだ。さらに、もう一つの糸口は、後に遠藤がキチジローは自分自身だと思いつつ筆を進めたと語り、作中で自分自身と出会わない小説を書くはずがないと述べていたことにある、と私は考える。

この二つの糸口を手掛かりにすれば、『黒ん坊』に託した遠藤の心情が読み解けるのではないだろうか。つまり、ツンパもまた、遠藤周作が作品の中で出会った遠藤周作自身だったのではなかったのか。

一つ、やってみよう。

股屁の孫、臭作

『黒ん坊』では、主君秀吉にツンパとの立ち会いを命じられた一柳俊之介は、排便の修行によって本間流槍術の奥義を授けられたことになっていて、その修行の場面が、立ち会いの場面の前に回想的に挿入されている。

実は、雲谷斎の号ももつ遠藤周作には、他に放屁と排尿の修行によって「音なしの構え」の秘儀を授けられる剣豪を主人公とする小品、「わが祖父又兵衛」(『ぐうたら好奇学』)がある。その主人公の侍は、周作(雲谷斎である〝臭作〟?)の「わが祖父」、つまり寛永年間の『会津武鑑録』に出る(という)遠藤又兵衛(〝股屁〟?)である。この作品は、力まずに「音なし」で放屁する術を会得し、さらに「音なし」をめざす排尿の修行を経て、ついに「音ありて音をきかざる境地」に達するのが、剣術の奥義であり、極意だというのである。(ただし、「寝小便に泣く男」という別の雑文では、遠藤周作の祖先は鳥取藩士遠藤嘉助で、『山陰藩記』巻ノ五とかいう文献に「嘉助に奇癖あり」と記された人物だということになっている。)

さて、排便の修行を積んで本間流槍術の奥義を究めた一柳俊之介は、先に紹介した通り、放屁の達人ツンパと二度立ち会って、二度とも破れる。この事実に、放屁の極意を会得した「わが祖父又兵衛」の主題を掛け合わせれば、遠藤又兵衛（股屁）こそが理想の剣豪であるという図式が見えてくるはずだ。放屁（オナラ）の音を豪快に連発するツンパは、手練の者とはいえ（自在に透かしっ屁ができる）「音なし」の又兵衛には、まだまだ及ばない。そして、孫の周作（臭作）が又兵衛（股屁）の分身であるのと同じく、放屁するツンパ（下帯《パンツ》）もまた彼の分身である。こう整理してみると、畢竟、ツンパは周作自身ということになるだろう。

思い切って言い換えれば、『黒ん坊』は「わが祖父又兵衛」とクローンの関係にあると言えるのだ。

『黒ん坊』と『沈黙』

では一方、安土桃山時代に宣教師に日本に連れてこられた黒人奴隷の運命を「純文学」として本気で追求する企ては、遠藤周作にとって実際に遂行可能な事柄だっただろうか。無理であっただろう。もしそれを志したとしても、実際には、カソリック信徒である遠藤の拠って立つ信の地盤を根こそぎ掘り返すような、そら恐ろしい仕事にならざるを得なかっただろうと私は思う。

というのも、当時のイエズス会がアメリカ向けの黒人奴隷貿易のみならず、アジアでの日本人奴隷や朝鮮人奴隷の貿易にも手を染めていたからである。そしてまた、秀吉や九州各地の武将もその事実に絡みつつ、日本人奴隷の、またそれ以上に朝鮮人奴隷の輸出に深く関わっていたからでもある（藤田みどり『アフリカ「発見」』）。

遠藤の代表作となった『沈黙』は、神が果して存在するのかというキリスト教神学の究極の問いを敢えて日本人の立場から大胆に問い、彼なりの答を展開して世界的に高い評価を受けた。一方、もし彼が『黒ん坊』を「純文学」として展開したならば、キリスト教の存在の是非と人類史的功罪という倫理学的・社会学的に究極の問いを、歴史文献の記録に即して冷静に検証する作品にならざるを得なかっただろう。『黒ん坊』を読めば、遠藤が『イエズス会年報』をはじめとして、奴隷貿易の証拠ともなる記事をも含んだ当時の関係史料にかなり精通していたことが、十分に察せられるはずだ。

遠藤周作は、カソリック信徒であり、且つ日本人である自分を「屁こき」として笑いとばし、その笑いが醸し出すペーソスを方便として、結局はそのような深刻な問題を深く突き詰める道を回避したかったのではないだろうか。あるいは、こうしたキリスト教史の人道的な問題と彼自身のカソリック信仰の神学的な問題との間に横たわる深刻な葛藤と矛盾、それに付きまとう我慢ならないほどの重苦しさや息苦しさ。それを、放屁のスカトロジーによって払い退けようとしたのかも知れない。

いずれにせよ、遠藤周作にとって、心おきない晴々とした放屁は憧れであり、また救いであったのだと思う。

ツンパは、「総身黒うて牛のごとくだが、心は雪のごとく白い」者であり、そうでなければ「天国に入れぬ」「子供のように天真爛漫」な人物として描かれている。こだわりのない放屁は、カタルシスを伴って、心を清浄で晴れやかにしてくれる。もし社会という他者たちの中にある実生活でそれが叶わないのであれば、きっと遠藤は、せめて文学の中で心置きなく放屁する自分と出会いたかったのだ。自分と出会わない小説を書くはずがない。なにしろ遠藤は、そう述べていたのである。

さて、心ならずも長い回り道をしたが、次節では再びアフリカへ、いやアフリカの人々の放屁現象へと立ち戻らなければなるまい。

アフリカと放屁の禁忌

ところで、私はこれまでやや気楽に「アフリカ人」とか「アフリカの人々」という語を使ってきた。ただし、厳密に言えば、世界の陸地の約四分の一を占めるアフリカという広大な大陸全体に普遍的に妥当する「アフリカ性」を想定することは、いささか困難だといわざるを得ない。俗耳に反して、アフリカ内部でも、多様多彩な言語や文化の差のみならず、「人種」や肌色をはじめとする形質的な偏差の幅にも甚だ大きなものがあるからだ。

アフリカとは何よりも、ヨーロッパをはじめとする外部が他でもなく肌色の黒さという一つの外見的な共通要素によってそう規定した結果生まれた、勝手な他者概念だったのである。だから、アフリカ大陸の人々が自らアフリカの共通性と統合性を認識し、鼓吹するようになるのは、ごくごく最近のことである。それは、むしろアフリカというヨーロッパによる否定的な他者規定を敢えてすすんで受け入れることで、苦難に満ちた長い歴史を生きた共通の事実を誇りに置き換え、矜持をもって連帯して、苛酷な現実に向き合うための覚悟として打ち出された近現代の姿勢として受け止めるべきだと思う。

ただし、確かにそうではあれ、私の四半世紀を超えるアフリカとの付き合いの経験に仮にも信をおく時に、或る強い、そして不穏な誘惑に駆り立てられることを、隠さずに告白しなければならない。それは、他でもなく、放屁のタブーの厳格さだけはほぼアフリカ全土（即ち、多重な諸要因を統合した重大な区分である、サハラ砂漠以南と以北の区別さえも超えた全アフリカ）に当てはまるのではないか、という思いなのである。

ピグミーと放屁

私が身をもって暮らしてよく知っているアフリカは、東部アフリカを中心とする、かなり限られた地域に過ぎない。また、アフリカの狩猟採集民で、私がその暮らしを直接見聞したことがあるのは、ケニアの先住民であるオギエックの人たちだけだ。それでも、「アフリカ人は放屁のタブーに厳格だ」という私の仮説に万一例外があるとすれば、それはまず第一に狩猟採集の民の場合であろうということができると思う。

ところで、熱帯アフリカでは、熱帯アジアとともに、白蟻（オオキノコシロアリ、エントツオオシロアリ、ミハエルオオキノコシロアリ）が塚の中で栽培するシロアリタケというハラタケ目の美味しい茸が採れるのをご存じだろうか。面白いことに、南米では、白蟻ではなく、蟻の一種であるハキリアリが土の中に作る巨大な巣の中で茸を栽培する。熱帯アフリカのシロアリが作る塚も、それに負けずに巨大だ。なかでもオオキノコシロアリのものは高さが数メートル、直径も十メートル前後にまでなり、日本人の目には小さな丘、あるいは円墳という外観を呈する。

アフリカ中央部の熱帯雨林地帯に住み、ピグミーと総称されるごく小柄な先住民族である狩猟採集民は、このシロアリタケをよく食べるという。ピグミーには、カメルーンのバカ、中央アフリカのアカ、コンゴ民主共和国のエフェとムブティなど幾つかの集団がある。先年亡くなった原子令三さん（本章の「息抜きのできる社会、できない社会」の節参照）は、この内、コンゴ民主共和国のイトゥリの森に住むムブティ・ピグミーの間でフィールドワークを行った、ピグミー研究のパイオニアでもあった。その原子さんに伺ったところによると、ムブティの人々はシロアリの塚を壊してシロアリタケを食べた後、盛んに放屁するのだそうだ。彼らにとって、平素の放屁も特に悪いこととはされていなかったと言う。原子さんもガブラ社会でのようには苦労しなかったし、工夫する必要もなかったらしい。

狩猟採集民は、世界中どこでも、バンドと呼ばれる少人数構成の遊動的で離合集散がかなり自由な集団を作って暮らしてきた。そして、ピグミーに限らず、何事についても互いに別け隔てをせず、食べ物の配分でもできるだけ相手に精神的な負担を感じさせないことを旨とする、（いわば「反制度」的な）慣行をもっている。

おおらかな狩人たち

この点で、文化人類学者のフロイヒェンが、極北の狩猟の民であるエスキモーの人々の間でフィールドワークをしていた時のエピソードが興味深い。一人の年老いた猟師が、彼に獲物の肉を分けてくれた。フロイヒェンが礼を言うと、自分の肉を貰うのは当然の権利なのだから、感謝するとはもってのほかだ、とたしなめられてしまった。老人が言うには、エスキモーたちは誰も他人に頼ろうとしないから、贈り物を与えたり受け取ったりはしない。彼によれば、贈り物をすることは、まるで鞭を奮って飼い犬を犬ソリ用に仕立て上げるのと同じように、奴隷を作り出すことなのである。

贈与（贈り物をすること）は、贈与された相手の心に負い目（心理的な負担）を刻印する。礼を言うと、その負い目を互いに確認し合うことになる。そして贈与交換は、贈与された者が負い目を解消しようとして贈与仕返すという相互作用によって、個人と個人、集団と集団の間に安定的な関係を作り出す原理である。この贈与交換の原理を手始めに、人間はさらに再配分と市場交換という別の交換システムを絡めて、複合的な社会関係を形作って発展させてきた。

ところが、エスキモーの老猟師は、相手にそうした「負い目」を与えることを「奴隷を作り出す」ことだと言って退ける。共同体のメンバーなら誰であれ、他のメンバーが捕った獲物の分け前を「自分の肉」として貰う権利をもっているというのが、狩猟採集社会の関係原理である。それは、お互いに負い目を作り出さないようにすること、あるいはそれを極小化し、独立自尊の存在として認め合うことだ。こうして、狩猟採集民の共同体では、誰もが助け合いながらも、自由を謳歌することができる。このような関係原理を、文化人類学者小田亮は、贈与（交換）とはっきり区別して「分配」（sharing）と呼んでいる（『構造人類学のフィールド』）。

このように、狩猟採集民は、緩やかでおおらかな人間関係を維持することを、何よりも大切な価値としてきた。だからこそ、放屁が恥や「負い目」を作り出すこともない。日本語の「済まない」とは、このままでは済まないということであって、「負い目」を表明することだ。それは「有り難う」の裏返しである。古くは、有難く思う気持を「忝い《かたじけな》」と言った。「忝い」を「辱い《かたじけな》」とも書く事実には、ルース・ベネディクトが鋭く見抜いたように（『菊と刀』）、恩を売られて屈辱を感じるという裏面の心理が端なくも吐露されていよう。それゆえに、我々日本人は「済みません」を「有り難う」と同じ意味で使ってきたことに、ここであらためて気付くのではないだろうか。

遠藤周作の覚醒

遠藤周作が密かに夢見たような、生理現象を「人間の自然」として全面的に肯定して、誰憚ることなく放屁できる、真に自由で屈託のない世界。もしこの理想を実現している世界があるとすれば、それはむしろ近代化からもっとも遠いとされる社会、即ち、狩猟採集民の世界であることは、以上から明らかだろう。

工業化されているかどうかを問わず、それなりに組織化が進んだ社会では、礼儀やエチケット、或いは行儀という名を与えられ、教育を通じて内面化される「被支配の文化装置」が存在している。そして、それによって、人間の自然を否定し、抑圧することを高尚なことだと思い込まされて、自らすすんで信じてきた。しかしながら、エチケットや行儀とは、生物としてのヒトの「人間の自然」に反する、つまり生理に反する不自然な姿勢や行為の型を文化的に考え出して、人々を無理やりその鋳型に嵌め込むことに他ならない。恭順の作法として。

それは、正座という「正しさ」のレッテルを張られた苦行の空疎さ、という一事を思ってみるだけでも明らかであろう。(私の太く短い脚は瞬く間に膨れ上がって、感覚を失ってしまう。朝鮮民主主義共和国では、正座は刑罰に用いられているという。正座の姿勢のまま紐で縛られて放置された脚は鬱血して徐々に腐って行く。こうしてやがて死を迎えるまでの苦悩は並大抵ではないらしい。)

胡座や横座りが正座に劣るとされる日本文化の価値観からも窺える通り、「人間の自然」に親和する安らかな姿勢や振る舞いであればあるほど、それは野蛮であり、矯正されるべきものとされてきた。つまり、近代化とは文明化のことであり、文明化とは「人間の自然」を蔑んで、そこから一歩でも遠くまで離れることを意味している。

さて、本章の最後で、こう問わなければなるまい。カソリック教を信仰した遠藤周作は、果して天国へ旅立てたのだろうか、と。天国の門を通るには、ツンパのように、さもなければ「天国に入れぬ」「子供のように天真爛漫」な人物になるべきだ、と遠藤は考えていたと判断できるだろう。すると、そうであるには、「人間の自然」からの離脱を志向する文明の只中から、もう一度「人間の自然」へと立ち戻って来なければならない。象徴的に文学に託した放屁が、彼にはその有効な一助だったのかも知れない。そして、そうした彼の文学が、ついに死という究極の「人間の自然」への帰還を静かに受け入れる心境へと、彼を安らかに導いてくれたのではなかっただろうか。

人が誰も死に際して放心し、筋肉の力を緩めて心安らかに放つことになる一陣の風。それを(栃木では)「かなしっ屁」と呼ぶ。

2 旅にしあれば

グローバリゼーションの今、世界の最果てまで出掛けて行くのは人類学徒だけという時代では、もうとっくになくなっている。では、人類学徒がフィールドワークを通して土地の人々の暮らしから学ぶことは、今でもなお、普通の旅行者では決して知りえない質のものなのだろうか。当然、旅行者の間からそのような強い疑問が湧いてきて、人類学徒の仕事が鋭く問い直されても不思議はない。

赤ん坊と人類学徒

その疑問に対する私の答えは、やはり知ることはできない、である。と言うのも、普通の旅行者はたとえ或る土地に深い感興を覚える経験があったとしても、その旅をする前もその後も、自分が自分であることに少しも変わりはあるまい。いや、私がこんな言い方すること自体、おそらく合点がいかないことだろう。ところが、人類学徒は、長い参与観察としてのフィールドワークをなし遂げた時、ことにそれが最初の経験である場合には、自分がその始まりの段階と完了した段階とではすっかり別の存在になってしまったと、誰もが実感するのである。

というのも、人類学徒は、フィールドで赤ん坊そっくりの状態から、いわば「自分を生き直す」に等しい経験をしなければならないからだ。まず、慣行や信仰などの背景をなす価値観を知らないのは言うに及ばず、言葉は半句も聞き取れず、一言もしゃべれない。寝る場所もなければ、飲み水を得る手だても、食事を摂る術もない。それどころか、小用を足し、排便することさえままならない。こう言えば、「エッ、ほんと」と疑いの声を挙げられるかも知れない。だが、それは紛れもない事実なのだ。まあ、このあたりの事実は、この章でおいおい書いて行こう。

人類学徒の知識の質がどんなものか理解して頂くうえで、もっとも手っとり早いのは、こう問い返してみることだろう。或る民族の人々が屁やオナラをどう分類し、直にどう呼ぶのか、また婉曲に仄めかすにはどう言うのか、さらにはもし誰かが放屁したら何が起きるのか。そんなことに即座に答えられる者が、人類学のフィールドワーカーの他に誰かいるだろうか、と。

彼らがそれを知っているのは、放屁の仕方という一つの慣行も、まさに言葉を覚えるのと同じ切実さで受けとめているからだ。言い換えれば、それをまるで赤ん坊のように実際の経験を通して学んで行かない限り、共同体の一人前のメンバーとして生きていけないからである。というのも、放屁という一見些細な行為も、自然現象であると共に文化現象でもあって、重大な社会的な意味を担う文化記号になり得るからである。

アフリカをフィールドとする人類学徒が身を持って知ることとなった、そうした知見の一部は、すでに前章「放屁という覚醒」で紹介した。本章では、この点に焦点を当てながらも、少しばかり手綱を緩めて、アフリカの旅の周辺を散策してみたい。

「そこ」ならぬ「ここ」

海外旅行も近年随分便利になり、料金も格段に手頃になった。その結果、毎日たくさんの旅行者が世界各地に気軽に旅立っていく。ただ、何事も旅行業者に任せきりにして疑わない分だけ、思い掛けないしくじりを犯すことにもなる。

つい先日、或る新聞の小さなコラムに、私と同い年の人が、次のような失敗談を投書していた。英国のマンチェスターに住む友人を訪ねようと、旅行会社に航空券の手配を依頼した。暫くして、ニューヨーク経由の航空券が届く。初の海外旅行で不安だったので確認の電話を入れてみると、夏休み期間中はロンドン経由より割安なのだという答が返ってきた。ところが、「ニューヨークで乗り継いだら国内線に案内されるし、いざ飛び立っても海を超えない。不思議に思っているうち、最終的に着いたのはアメリカのマンチェスターだった」。

なお、この人は、「同じような人が前にもいたそうで」という筆名で投書している。無論、折角の夏休みは台無しになったろうが、せめても命に別状のない失敗だったのは、誠に幸いだった。事後に、少し距離をおいて自分を見つめ直して綴ったこの短い投稿記事は、そこはかとないペーソスがあって、悪くない。

「ここ」の中の「そこ」

確かに、馴れない海外旅行に、失敗はつきものである。しかしながら、むしろ旅馴れた頃にこそ、もっと大きな、しかも時には死に直結する類の重大な失敗を仕出かす危険が潜んでいる。ちょうど、自動車を運転する場合のようにである。

これから紹介するのも、右に引用した投書を目にしたのとほとんど同じ頃、別の小さな欄に載ったニュースである。熊本県に住む五十歳の女性が、アフリカ南部のジンバブエを旅行中に、サファリ・パークでライオンに噛みつかれた。すぐに首都ハラレの病院に送られて入院加療したものの、二日後に亡くなった。この人は、監視員が見ている前で車を降りて写真撮影をしていて、一頭のライオンに襲われたのだ。新聞は、手短かにそう報道していた。

二十世紀に入って、それまでの苦痛と波瀾に満ちた、それゆえにこそ精神の幾許《いくばく》かの輝きをも帯びた旅（トラベル）という難行を一気に易しいものにして観光産業化し、すすんで大衆化させたのは、英国のトーマス・クック社だった。それ以来加速度的に普及し、パック化した「ツァー」としての旅とは、旅行者を今自分がいる「ここ」ならぬ「そこ」へと、易々と連れていく移動を意味している。しかも、コンパクトに切り取った「ここ」のカプセルにそっくり包み込んで、旅行者を「そこ」へと連れて行くことと確実で安全な帰還とが、その最たる特徴である。(こう言っても、あながち誇張にはなるまい。)

するとと旅行者は、自分が現に「そこ」にいながらも、実はどこでも「そこ」へ持ち込まれた「ここ」のカプセルの中に快適に居座ったままなのだ。しかも、その隠しようのない現実をついつい忘れてしまうほど、「ツァー」は万端快適に整えられている。だから、「ここ」のカプセルの中の常識が外側の「そこ」でもそのまま通用すると錯覚して少しも疑わず、ともすると恐れを知らない行動に出てしまいがちになるのだ。

今日、大衆旅行とそれ以外の(様々な)旅の経験とを分ける、決定的な一線は、まさしくここにあると思う。

蛇口はある

システム化された大衆旅行でない旅であれば、たとえそれがどんな旅であっても、まず第一に直面することになるのは、「ここ」の常識が大概は「そこ」の常識では決してありえないという、いたって平凡で、且つ厳粛な事実である。

たとえば、一九七九年七月からの私のアフリカでの最初のフィールドワークの出来事を引いてみよう。この時に、最初に数日間住み込んだのは、南西ケニアのケリチョ県(現在はボメット県)のカプケレイという、田舎の小さなうらぶれたマーケットだった。私はこの土地で、のっけからそうした苦い思いをしたたかに味わうことになった。

キプシギス人の土地に入って暫くの間は、かつてヨーロッパ人入植者の基地であったケリチョの町の宿屋を拠点に、住み込める土地を探して回った。人類学の調査については、調査それ自体もなかなか困難だが、それを始めることはもっと難しいと言われる。誰一人知った人がいない所で、しかも土地の普通の人々の仲間として彼らと同じように暮らせる住み込み先を見つけ出さなければならないからだ。

カプケレイを選んだのは、そこに住むことを勧めてくれたキプシギス人の或る人から、簡易水道が来ているというとても重要な情報を得たからだった。それなら、きっと少しは暮らしが楽になるだろう。すぐにケリチョの町で簡便な生活道具一式を買い揃え、便数のない不定時運行の乗合自動車を乗り継いで、目的地に向かった。一日がかりで漸く辿り着いたカプケレイ・マーケット。その広場には、誠に嬉しいことに、確かに約束の水道管があった。

それは、原っぱの剥き出しの地面から鎌首もたげた蛇のごとくポツネンと立ち上がっていて、蛇口が一つ付いていた。ありがたいことに、彼のくれた情報の通り、水道管はカプケレイまで来ていたのだ。だが、蛇口をひねってすぐに知ったのは、水がカプケレイには来ていないという紛れもない事実だったのである。

「簡易水道が来ている」といった彼の言葉に少しも嘘はなかった。ただし、それは水道管が来ているということであって、水道水が来ているということではない。水道管の敷設も、水道の水を引くうえでは確かに不可欠の条件であって、飲み水に困る人々には大きな希望であり、誇るべき前進なのだ。

私たち日本人の常識では、水道管が引かれるとは、水道水が供給されることと完全に同義である。しかし、それはキプシギス社会では、少しも常識ではなかった。貧しい人々が少しずつ金を集めて、できる所から徐々に、長い時間をかけて条件を整えて行く。カプケレイまでは、まず水道管を引いた。さて、これから給水塔やポンプなどの施設を作っていこうというわけなのだ。

今日に至るも、その蛇口は健在である。だが、それは四半世紀前と同じく、今もなお虚しく水の到来を待ち続けている。

常識はどっち

なあに、同様のことは、或る国の一流ホテルでだって経験したことがある。

一九八四年のことである。一九七〇年代に、タンザニアが中国流の社会主義政策を熱心に推進した結果、東アフリカ共同体が崩壊して、一九八〇年代初めまで、タンザニアと隣接諸国の国境が閉ざされていた。ところが、この年、そのケニアとタンザニアの国境が再開されることが決まった。それを受けて、ナイロビ（ケニア）在住の日本人の友人たちと陸路ケニア側からタンザニア北部を訪ね、最新の事情を見聞することができた。

私たちは、タンザニア北部最大の町モシの一流ホテルの一つ、モシ・ホテルに泊まることになった。食事はどうにかなった。だが、設備は一応ちゃんとしていても、部屋では水は一滴も出なかった。手や顔を洗う水にも窮した私は、とっさに閃いた。水洗トイレのタンクの溜り水を掬って急場を凌げばいいのだ、と。

しかし、タンザニア経済がどん底だった時のモシ・ホテルが例外では、決してない。アフリカの田舎のホテルでは、バスタブがあってもバケツ一杯の濁った川水で沐浴する、壁灯や卓上灯があっても電球がついていない、扇風機はあってもソケットがコンセントに入らない、それらが完備していても停電ばかりで蠟燭で明りを採る……などの事態は、どの国でも「日常的」で、いつでもどこでもありがちな経験だった。要するに、「ここ」の常識が「そこ」の常識とは少しも限らないことを、しっかりと肝に銘じておけばいいのだ。それこそが世界で通用する、むしろ妥当性の高い常識なのである。

尻は零下五九度よりも強し

飲み水がないのは、必ずしも一刻を争う事態ではないから、まだ救いがある。しかし、排便となると事情は別だ。

先に、仮に人類学のフィールドワークでなくとも、システム化された大衆旅行でない旅であれば、「ここ」の常識が通じない経験をどこでもまず間違いなくすることになると述べた。非欧米地域では、要人のお伴をする通訳の旅でさえもまさにそうであり、その経験は人類学者の場合に劣らずラディカルだと、痛く感心したことがある。次に、それを紹介しよう。

甲羅をへたロシア語通訳者であった故米原まりさんは、一九八四年にTBSのシベリア取材に同行した。戸外の最低気温が零下六〇度に近い寒さの中での撮影では、剥き出しの顔に刺すような痛みが走るので、誰もが目の部分だけをくり抜いた毛糸の帽子を被り、さらにその上にマフラーを幾重にも巻いて身を守る。目にはゴーグルを掛ける方がいい。眼球表面の水分さえも凍って、瞬きの度にシャーベットができるのだそうだ。

女性である米原さんにとって、排尿は男性以上に苦行であると思われた。なにしろ、彼女だけは、剥き出しの尻をその恐ろしい寒気に直に曝すことになるのだから。水分の摂取を極限まで切り詰めても、「排尿か恐怖の寒気か」というジレンマに身悶えして苦しまない日はなかったという。

ところが、ある日、思いも掛けず「一大発見」をすることになる。「排泄欲とは、羞恥心はおろか、あの零下五九度の寒さに対する感度をはるかに凌ぐ強烈な欲求なのだと」気付かされるのである。それに「要した時間は随分長かった。にもかかわらず、放尿中さらされていた皮膚は、まったく寒さを感じなかったのである」(『魔女の1ダース』)。

叩き割るオシッコ

米原さんは、読売新聞に連載した「真昼の星空」の或る回でも、サハ共和国の人々が、好奇心と冗談混じりに、こう忠告してくれたと書いている。

用をたすときは、金槌を忘れんようにな。オシッコが外気に触れたとたん、凍って棒状になるから、ロケットみたいに後ろに跳ね飛ばされないように、出た端から、バシッ、バシッと金槌で棒状オシッコを叩き割るんだぞ。

その随筆によれば、外気が零下六五度以下になると、尿本体は地上に達する直前まで液状でいても、その飛沫は雹のような氷の塊になって地表に（おそらく乾いた音を立てて）落下すると言う。シベリアの寒さは、まさしく日本人の常識を覆すに十分だ。なんと、真冬には寒過ぎて雪も氷も解けることがないから、氷柱《つらら》もできず、人も物も氷の上で滑ったりしないというのだ。

そういえば、理科の時間に習ったではないか。氷そのものが滑るのではなく、その上を動くものと氷の摩擦で熱が生じ、その熱で氷の表面が溶けて水の膜が出来る。この水の膜が滑る原因。あまりにも寒いと、たかが摩擦熱で氷は溶けないのだ。

まさに、日本人の想像を絶した、恐ろしい寒さではないか。だが、あながち徒な誇張ではあるまい。アンナ・ポリトコフスカヤの著書『プーチニズム　報道されないロシアの現実』には、老朽化していた暖房用パイプが故障してアパートの自室で凍死した老人の遺体を、そのアパートの住人たちが凍てついた床から金梃子で引き剥がさなければならなかった、と書いてあるくらいなのだから。

男と女

では、米原さんは、戸外のロケでの（大の方の）排便は一体どうされたのだろうか。ここまで真面目に、感動的に事実を描写してくださった米原さんには、どこかで是非書いておいて頂きたかったものである。

ところで、信州に疎開したことがある永六輔さんも、「ほとばしるオシッコが大地に散ったと思うと、白く凍っていた」という一文を綴っている（『街＝父と子』）。そして、さらに、「もちろん、ウンコとて同じ運命で、コチコチに凍ったウンコがキンカクシから顔をのぞかせているのを、金槌でかいて用を足した」とも記している。

同様のことを、樺太から引きあげた或る年上の婦人から直に伺ったことがある。ただ、シベリアのように「零下六五度以下になると」はずっと大変な事態で、なにかもっと劇的な事件が起きそうな気がするのだが、米原さん、果してどうなのでしょうか。

なお、永さんは、先の部分にすぐ続けて、「この時にウンコの柱と戦ってから、なぜかウンコが好きになった」とも述べていて、なるほどと思った。私自身、キプシギスでの放屁との悪戦苦闘が（人類学徒としての）一つの深い覚醒に繋がったこと、また遠藤周作さんも文学の世界で同様の覚醒を得たであろうことは、前章「放屁という覚醒」で論じた通りである。永六輔さんにとっても、年若く、何かと苦労の多かった疎開時のこの経験が或る種の覚醒をもたらしたのではなかったろうか。ただ、彼がその覚醒の経験を今少し掘り下げて書いてくれていないことが、何とも残念に思える。

ついでながら、米原さんのシベリア考に、一つだけ注釈をつけておきたい。彼女は、前節でふれたように、自らの身体（お尻）を媒介として、真冬のシベリアの戸外での排尿が、女性にとって少しもハンディにならないことを発見した。そして、喜びに満ち溢れて高らかにこう宣言している。

しかも、排泄により、極度の緊張から解放され弛緩した肉体と神経は、心地よい安堵感に包まれて、すっかり穏やかかつ寛大になったわたしは、「あんなところ構わずいつでもオシッコができる連中には絶対に味わえない安らぎだわ」と男どもに対する優越感さえ噛みしめたのだった。

(『魔女の1ダース』)

ふむふむ、なるほどそうでしょうね。でも、そうでなくても、酷寒の大地では初めから女性の方が遙かに安全で、有利なのです。

どこかで、大略、次のような逸話を読んだ覚えがある。先の大戦中、中国東北部のチチハルでの出来事。一人の若い兵士が、内地の癖で、つい厳冬の戸外で立ち小便をしてしまう。そして、あろうことか、あそこにひどい凍傷を負ってしまった。思い切って切除しなければ命にも関わると説得する軍医に向かって、彼は、せめても一度でいいから実体験をさせて欲しいと嘆願して、泣き崩れたそうだ。

「ツァー」ならぬ「トラヴェル」としての旅では、自分自身の「ここ」での常識とは常にかくも危険なものなのだ。

便所事情の深層

暑いアフリカなら、排泄には、よもや酷寒のシベリアのごとき想像を絶するような危険はあるまいと思われるかも知れない。確かに、一面ではその通りだが、アフリカにはアフリカで、フィールドワーカーにしかわからない、また別の困難と危険がある。それは、この土地では、一つには胃腸などの内臓の振る舞いが違い、また社会常識（文化）が異なるからである。

気難しいことで知られていた米国の往年の名女優、キャサリーン・ヘップパーンは、映画『アフリカの女王』の撮影に訪れたケニアやコンゴ民主共和国では、どこでもトイレを求めて悩んだことを、当時のメモに基づいて率直に語っている。それは、彼女は他者がスクリーンを通して思い描いている不変の自己像を守り通すべき女優であり、しかも「興奮しやすい腎臓」をもった人だったからであるらしい（キャサリーン・ヘップパーン『「アフリカの女王」と私』）。他方、私がアフリカで苦しんだのは、土地の人々の価値観に寄り添うべき人類学徒であり、しかも「弛緩しやすい胃腸」の持ち主だったからであった。

ここで、本書の前章「放屁という覚醒」の「天空の音楽へのハードリング」の節を思い出して頂きたい。この節では、「牛乳不耐性」のゆえに、住み込んだ小屋から五〇メートルほど先の穴便所へと毎晩幾度となく「ハードリング」し続けなければならなかった、私の悪夢の一幕を描いてみた。読者は、キプシギスの田舎の便所事情の想像を超えた不便さに、きっと驚き呆れられたことであろう。

だが、それでもあの家には、ちゃんとした外便所が設けられていたのだ。その家ではそれぞれの小屋から遠くに穴便所を設けてあったのも、衛生上の配慮の結果であって、これはこれで十分に合理的なのだ。だから、私はむしろ随分恵まれていたと言わなければならない。

調査地であるンダナイ郡のあるボメット県は、キプシギス人が大多数を占める三つの県の中でも、ケニア最高の品質と最大の収穫量を誇る茶生産地である他の二県（ケリチョ、ブレティ）とは比べようもないほど貧しい。中でも、私が住み込んだ村々が位置するチェパルング地方は、キプシギスの土地でももっとも「遅れた」所と言われてきた。フィールドワークを始めたばかりの七〇年代末には、時たま買い出しに行った植民地時代からの中心地ケリチョの町で、私がチェパルングからやって来たと知ると、町の人々は驚いてこういったものだ。「チェパルングの連中はすぐにわかるよ。裸足で、足には膝小僧近くまで白灰色の土がこびりついているんだからね」。実際、その頃、裸足の人は珍しくなかった。そして、私の住んだ村では便所のある家は、まだ数えるほどだった。

今でも、旧「原住民保留地」側の村々では、便所をもたない家が少なくない。近年は、ケニア政府やキリスト教団体が公衆衛生の改善に力を入れていて、ンダナイ郡でも数年前に副行政首長たちが外便所のない家の一斉取締りを実施した。しかし、少なからぬ家々が、巧みにそれをすり抜けた。畑の一角にごく浅い穴を掘って、そこに生木の枝を組み合わせた、形ばかりで実体のない電話ボックス風の建屋を載せておいて、役人たちの目を惑わせたのである。

阿諛《あゆ》される理由

現在でもまだこんな風だから、以前は本当に尻の始末は厄介だった。家々を回っていると、必ず食事やミルク・ティー、または牛乳でもてなされる。「白人」である私にことさらに阿諛しようというのでは、少しもない。どんなに貧しくても、来客に何か食べ物を出して好意を示さないのは、人の道に悖《もと》ると堅く信じているのだ。信じているという以上に、それが疑いを入れる隙間のない彼らの「常識」であり、無論、馳走になるのも「常識」だから、断ってはいけない。それで、良き隣人たろうとする努力の度ごとに、「牛乳不耐性」の私の胃腸が途端にゴロゴロ言い始めるのである。

何よりも悪戦苦闘したのが、酸乳。日本でも、牛乳を幾日も放っておくと酸っぱくなって、半固形分と乳漿とが分離してくる。キプシギスでは、原理的にそれとまったく同じ仕方で、瓢箪容器の中に牛乳を暫らく寝かせておいて酸乳を作り、全体を掻き交ぜて飲む。近隣の民族も同じ物を作るが、キプシギスのものは、セネトウェットという小木の枝の細い消し炭で瓢箪の内部を香り付けする点が、著しい特徴として知られている。この香り付けした酸乳が、キプシギス人、ことに長老たちの何よりの好物なのだ。

私も、調査を始めて間もなく、酒以外ではキプシギスの人たちの唯一の嗜好品ともいえるこの乳製品が好きになった。ことに在来種の牛の乳製のものが旨く、中でも、アシアと呼ばれる品種の瘤牛のものがいい。いわば日本の漬け物がそうであるように家ごとに微妙に味が違うのも、その内にわかり始めた。

だが酸乳は、その一方で、私にてきめんに、例の「夜のハードル」と放屁という惨禍をもたらしたのである。だから、この乳製品を味わうささやかな楽しみは、すぐにあきらめざるをえなかった。

ところが、一旦酸乳好きだと知れわたった私に、どの家でも競ってこれを振る舞おうとする。ちなみに、「酸乳好き」の私も手こずったのは、首を紐で結わえて浮き上がらせた牛の静脈を短い丸刃の矢で射て出させた血を交ぜて作る、儀礼用の特別製の酸乳だった。鼻が曲がるほどきつい饐《す》えた臭気があり、恐ろしく酸っぱいから、キプシギス人でも若い人たちが敬遠して憚らない代物である。ところが、一カ月余りにわたるイニシエーションの季節には、そこここの家々で、これが私に振る舞われることになった。こうして、私の胃腸は、夜となく昼となく絶えず悲鳴を上げ続け、私は額に詣汗を浮かべて耐えるのに必死だった。困ったことに重大な儀礼は深夜に行われる。摂氏十度を割る寒気が私の胃腸を鋭く刺した。

困難また困難

仮に放屁は当面堪えることが出来るとしても、下痢はとても無理だ。いや、たとえ下痢でなくても、「雉を打つ」、つまり野原で排便するのは、事のほか難しかった。なかなか適当な茂みが見つからない場所もあるし、そうでなくても巧みに人目を避けなければならない。そして、アフリカのサヴァンナの場合、一番の悩みは、安易に紙を使えないことである。

キプシギスの人々は、何種類かの幅広で柔らかく、且つ裂けにくい葉をもつ樹木や草の在り処をよく心得ている。それでうまく尻を処理するのだ。当初、その事実に気付かなかった。持ちあわせティッシュ・ペーパーを使ったら、即座に知人に警告された。「危ないぞ」と。彼の理屈はこうである。お前の他には紙を使う者など、一人もいない。だから、紙が傍にあればお前の物であることは、火を見るよりも明らかだ。違うか。まったく、反論の余地がなかった。

この場合、「危ない」というのは、（排便を知られて）「恥ずかしい」というのと必ずしも同じではない。彼によれば、一層重大なのは、文字通り「危ない」方だ。つまり、お前の排泄物の一部を持ち去って、それを使って邪術をかける者がいるかも知れないじゃないか、と言うのだ。そうすれば、お前は一番重大な場面、たとえばナイロビの大統領府に出掛けて調査許可の延長を交渉する折りなどに係官の面前で放屁して、痛く面目を失うだろう、と。（この邪術のかけ方の子細は、少し後にあらためて明らかにしよう。）

ところで彼の論理は、私たちに馴染みの論理からすれば、いささか奇妙な循環論法に陥っていることがわかるだろうか。整理してみよう。先の具体的な例を上げての説明に忠実に従えば、結局、「危ない」（邪術にかけられる）ことは、一層「恥ずかしい」こと（尊敬すべき者の面前での放屁）として帰結する。つまり、文化・社会的な現象として、問題は排便よりは、むしろ放屁の方にあるらしい。というのも、この邪術の場合には、他の邪術の場合のように命を取られることがないから、それほど「危ない」とは言えまい。逆にいえば、彼らにとっては、公式の重大な場で放屁することが命を取られることに匹敵するほどの重大事（「危ない」事）だということが明らかになるのである。脱糞（排便）と放屁に関する恥ずかしさの度合いは、私たちの常識とは逆になっていると言えるだろう。

ホモ・オフキ

人と他の動物の違いを一言で定義する試みは、いろいろある。知性をもつ動物、社会的動物、言葉を話す動物、道具を作る動物、遊ぶ動物などが、その代表的な例である。変わったところでは、お尻を拭く動物というのがある。確かに、お尻の始末をする動物は他にいないし、少なくとも大便に関してなら、それをしない民族も皆無である。だから、それはかなり普遍的な妥当性をもつ定義かも知れない。尻を拭くのは、痔疾、難産、腰痛、蓄膿症などの苦しみと同じく、人が直立した結果として否応なく背負い込むことになった代価の一部と言える。すなわち、直立歩行するようになった結果、肛門が左右の尻の間に深く没して隠れることになったからそのあたりが汚れるのである。ただし、この場合、「拭く」とは紙を用いて拭くことに限定されず、この目的で用いる様々な物には、文化的に大きな変異の幅がある。

日本では相当以前から、今のように白く柔らかいトイレット・ロールでなくとも、ごわごわで灰色の再生紙であれ、古新聞紙であれ、その用途のために紙を使うのが常識になっていた。紙以外の物を実際に日常的に使ったと語った日本人を、私は知らない。でも、現在でも、紙を使うのは、決して世界の常識ではない。今日便所紙を用いるのは、世界人口の三分の一ほどだと言われている。

前章では、遠藤周作の『黒ん坊』と『沈黙』にふれたが、それらの作品の舞台となった時代に日本を訪れた宣教師たちは、城や寺など、大名たちの居所の便所に紙が用意されているのに、ひどく驚いている。西欧では、中国の発明品である紙の普及が東アジアに比べてずっと遅れていて、そんな贅沢な紙の使い方は夢のまた夢だったのだ。

日本で便所紙が用いられた記録は、日本に紙がもたらされた、推古天皇一八（六一〇）年とか。六世紀に遡るという中国ほどではないにしても、なかなかに古い。

そもそも、「雉打ち」（野糞）という行為を記録したもっとも古い文献は、『播磨風土記』になるだろう。我慢比べをした二柱の神の内で、土をモッコで担いで歩くことを選んだスクナヒコナが、排便をしないで歩くことにしたオオナムチに勝つ、という話がそれに載っている。スクナヒコナは、オオナムチが排便すると、大笑いしてモッコを投げ出す。この場合、糞が（モッコの中の）土塊で象徴されており、その土を投げ出すことが排便を象徴しているのは明らかだ。身体の内部の物を制御するのが身体の外部の物を自在に扱うよりも困難なのは、誠に当然であろう。『風土記』のこの物語は、人間には避けることのできない生理現象である排便をオオナムチに演じさせ、またそれを象徴的に表現するモッコの中の土の投げ捨てをスクナヒコナに演じさせることで、排便行為を二重化して表現し、強調している。そして勝ったスクナヒコナも結局は、笑いと共に土塊を投げ捨てるしかないのだ。身体をもつ者の「哀しい」現実を素直に受け入れて共に楽しむ、古代のおおらかな哄笑をこの話に見出すことができるだろう。

この神話はそれとして、十一世紀生まれの貴族、源師時が十二世紀初めに綴った日記である『長秋記』（別名は『権大夫記』、または『水日記』）に、その時に使う紙が大壺紙という名で登場している。

また、ほぼ同時代の『飢餓草紙』の絵には、紙で尻を拭っている人の姿が見えている。

その後には、先にふれた、後世の安土桃山時代の宣教師たちが残した記録がある。またこれと同時代の俗説には、関が原から敗走する途中で、石田三成が「雉打ち」に（篦《へら》や藁《わら》でなく）上質の紙を用いたがゆえに、居場所を突き止められてしまった、というものがある。川柳は、それを「へらがあるのにのべ紙で石田ふき」とか、「わらてふく迄は石田も気が付かず」と揶揄してみせるのだ。万一、この俗説にそれなりの真実が含まれているとすれば、（紙で拭く「常識」が光成の命取りになるわけだから、）そうした贅沢が末代まで累を及ぼす非常識だったことである。

ものの弾みに、ここで一八世紀後半の、よく知られた江戸小咄を紹介しておこう。ある日の深更、フキとモンという芸者が二人連れでお座敷から帰る道すがらのこと。それまでずっと我慢していたフキが、便意を抑え難くなった。辺りは武家屋敷ばかりで、借りるべき便所も見つからない。人通りの絶えた真夜中の暗闇を味方に、モンは構わないから溝端で用を足せとフキを促す。切羽詰まっていたフキは、一も二もなくこの提案に従って用を済ませ、暫くは生き返る思いにひたる。だが、ふと気付いてみるとちり紙を持ち合わせていない。生憎、モンもまた同様。フキは、仕方なく、唄の稽古本の終りの頁を裂いて代用することにした。明けて翌朝、さるお屋敷の端に残されていた山盛りの物の上に書き付けが載っかっていて、「この主ふき」（『飛談語』）。当時、「この主〇〇」と記すのが本の持ち主が名前を記す決まった仕方だったのである。たとえば、蔵書をたくさんもっていた柳亭種彦は、「此ぬし種彦」という蔵書印を使っていた。

キプシギスのフィールドワークで、私がもしうかうかとティッシュ・ペーパーを使っていたらどうだっただろう。「この主」と書き付けるまでもなく、私はフキとして四方に名を馳せているところだった。なにしろ、前章で縷々《るる》報告したように、既に放屁での大失敗もあるのだから、その傷は相当深いものになっていたに違いない。

蕗と紫陽花

ちなみに、この江戸小咄の主人公フキは、漢字なら無論、蕗と書くところだ。これも、現代人の感覚ではちょっとわかりにくいのだが、江戸人にはよく腑に落ちる洒落だったはずである。蕗の語源は、大きくて柔らかいその葉を、実際に尻を拭くのに用いたことによるという。信州の田舎の外便所には、昭和の前半頃まで、便所紙代わりに蕗の葉が積んであり、使用済みの葉は堆肥の山に加えていたと聞いたことがある。とても合理的で、いかにも「環境に優しい」知恵である。

一方、伊豆地方では、紫陽花《あじさい》の葉をこの目的で使っていた。蕗の葉は食べても美味しいから、伊豆地方の植物資源の使い分けは、一層合理的だといえるかも知れない。それで、紫陽花のことを伊豆方言では閑所柴《かんじょしば》と言う。即ち、便所（閑所）用の雑木（柴）の意。紫陽花の葉の強い香りは、匂いを相殺する効果も合わせもっている。

ついでながら、ラブレーの『ガルガンチュア物語』によると、マフラー、ナプキン、クッションなどあれこれ試してみた結果、最高の拭き心地がしたのは、生きた鵞鳥の首だったことになっている。鵞鳥の首に及ぶかどうかはともかく、きっと紫陽花の葉も蕗の葉も、キプシギスの人々が愛用するかれこれの草木の葉よりも、もっと肌に優しいすぐれ物なのではないだろうか。いや、蕗の葉などは、最上質のトイレット・ペーパー以上に肌に良く馴染じむ、この上なく優雅な素材に思えてくる。

閑所柴という語は、便所紙という剥き出しの表現にはない、音の響きの良さと用途を示す指示機能の確かさとの間の巧みな間の取り方があって、悪くない。ちり紙と言うのも、ただ婉曲なだけで質を伴った実感がない。閑所柴とは、俗にして雅。巧みな名付けだと思う。

誤解こそが人生だ

しかしながら、閑所柴の語は紫陽花の優美なイメージにはそぐわないという、ロマンチックな人たちもきっといるだろう。実は、アジサイに紫陽花という美しい漢字名を与えたのは、白楽天（居易）だったということだ。

紫陽花の学名はオタクサという。この学名の由来に因むシーボルトと長崎の遊女お滝さんの逸話もよく知られている。この植物は、シーボルトの学名の付け方からもわかる通り、数少ない日本原産の植物の一つで、中国に招来された時には、中国名がまだ付けられていなかった。この新来の大ぶりな花の到来を喜んで、こよなく愛でた白楽天が、それではと、命名者として名乗り出た。そして、紫陽花という、えも言われぬ霊妙な名前をこの美しい花に捧げたのである。無論、この詩人の高雅な命名にまさる名付け方を思いつく者はなく、誰一人異を唱える者はなかった。こうして、紫陽花という名がこの世のものになったのだった。

先年、紫陽花は神戸の市花に決まったが、なぜか乗り気がしないと言葉を濁す市花選定委員たちが少なからずいたと言う。白楽天の故事を紹介してそれらの委員たちを説き伏せたのが、作家の陳舜臣さんだったらしい。ご本人がその経緯をこの美しい花への「無理解」に対するいささかの義憤を交えて書かれた見事な随筆を、確か朝日新聞連載の随想のどの回かで読んだ覚えがある。

和漢洋の万知に縦横に通じて博覧強記、しかも自らの幅広い人生に即して硬軟自在な筆を使う、いかにも陳さんらしい随筆は、実に楽しかった。ただ、他の委員たちには、ひょっとしたら、仮に確かな知識ならずとも、閑所柴にも通じるアジサイの葉の用法の集合的な記憶がどこかにあって、いささかの躊躇を覚えたのではなかっただろうか。陳さんの随想を心から愛でながらも、そんな思いが不意に私の頭の片隅を過るのを覚えたものである。

実用的な生活の用と想念的な美学の要とは、しばしば次元を違えて奇妙に交錯する。この意味で、ここでも日本の庶民の肌の温もりのある常識は中国の文人の常識ではなく、また中国の夢多い文人の常識は日本の庶民の常識ではなかった。

だが、結果として、長く日本の庶民の暮らしの切実な用に仕えてきたこの植物が、中国の文人たちの美しい誤解をよすがにロマンのある名辞を我が物にできた。そして、国際色豊かな大都市のシンボルともなって、紫色の床しい輝きを一層確かに放ち始めたのは、誠に喜ばしいことに違いない。

時に、理解するとは誤解することであり、誤解するとは理解することなのかも知れない。ただし私は、異なる文化を理解することを究極の目的とする、文化人類学に生涯を託す者の一人である。どこかでそうした思いがけない誤解の可能性があることを、やはり忘れないように心しなければならないと思う。その誤解がたとえどんなに美しいものであったとしても。

3 荒野に風立ちて

前章「旅にしあれば」では、旅の恥は掻き捨てと観念して野放図に振る舞ったわけではない。けれどもわが筆は、ややもすれば「虚学」から「実学」の近辺へと、ついつい引き寄せられがちだったように思う。それというのも、多分に、粋なオフキ姐さんの不運にアフリカでのわが身を重ね合わせて、大いに身につまされ、痛く思い入れてしまったからであったろう。それはそれとして省みて、ただお許しを願うばかりである。

この新しい章では、もう一度本書「人類学的放屁論のフィールド」の初志へと立ち戻りたい。そして、序説、薫風響声考のプランへと立ち返ってみよう。つまり、アフリカの草原のそこここから湧き立って遠く近く吹き渡る風の薫りに、そぞろ心を寄り添わせてみよう。そう、アカシアの刺の木や「逆さまの木」バオバブの梢を高く低くとよもす風の茫々たる響きに、今暫く耳を欹ててみたい。その薫りにはうろんな事件の予感が宿り、その響きには今は鳴りを潜めたかつての深いどよめきの余韻が入り交じっている。

放屁と自然と邪術者と

アフリカでは、放屁は単なる生理現象に止まらない。それは、人々を周章狼狽させる一つの事件である。というのも、類存在として文化という秩序を生きる人間がなお完全には抑え込むことのできない「自然」を自らの身体に抱え込んでいることを、放屁が唐突に暴露してしまうと見る感覚が、この土地の人々の間にはまだ生き続けているからである。放屁は、人間のそうした弱さとして文化の論理に潜在している小さな裂け目から一挙に噴出して、社会秩序を揺るがせる「自然」（反文化）なのである。

アフリカの伝統社会の多くの村落は、あたかも、熱帯雨林、サバンナ、砂漠、半砂漠などという諸々の自然の脅威が渦巻き騒ぐ大海に浮かんだ小さな孤島のように、互いに孤絶している。村の中では、人間の都合本位の人為的な秩序体系である文化の論理が貫徹して支配している。だが、一歩村の外に出た途端に、その鋭いアンチテーゼである反文化としての自然が、人間を圧し潰そうと、有無を言わさずのしかかってくるのだ。

そればかりか、自然の神秘と暴威の重圧は、（文化領域である）村の中に隠蔽されている潜在的な亀裂へと集中して押し寄せ、その薄い皮膜を一気に突き破ろうと集中する――まるで、少し後でふれる赤ん坊のかわいい出臍の内圧のように。「人間の自然」（human nature）を文字通り小宇宙として体現している身体こそが、村の外部の大いなる自然（大宇宙）と密かに通じ合っていて、文化の中に隠蔽された脆弱な亀裂の存在を示唆する、恰好の事象なのだ。

アフリカで今も恐れられている邪術師は、まさにこの亀裂から生まれ出る反社会的な（つまり「自然」的な）存在なのであり、だからこそ、彼らに帰せられる重大な属性の一つが「放屁する者」なのである。放屁とは、身体の内奥に潜む「自然」が身体の亀裂から噴出する典型的な現象の一つに他ならない。

放屁という技芸

礼儀として、公衆の面前で放屁するなと命ずる規範は、無論、「人間の自然」に反する。だが、それゆえにこそ、人間と自然を峻別する文化という（気まぐれな）秩序には、この規範は打って付けの原則となり得るのだ。だから、屁それ自体は「自然」に属していても、この規範に則ってしかるべき時にしかるべき所でしかるべき仕方でする無害な形での放屁は、まさに文化的な現象である。そして、それを恙なく遂行するには、生まれて以来の自己抑制のたゆまざる修練と、いささか厄介な（文化としての）技術が要求される。

この事実を私たちに鮮やかに教えてくれるのが、赤ん坊の存在である。一例を引いて、その論拠をわかりやすく説明してみよう。

もうずっと以前、妻が長女を出産した数カ月後のこと、赤ん坊を抱いて街に出るのはもうこりごりだと、顔をしかめながら笑って語ったことがあった。その日、妻は久しぶりでデパートに買い物に出掛けた。そして、すし詰めのエレベーターの中で、長女にとても大きな、しかもとびっきり臭いオナラをされてしまった。周りからそれとなく投げかけられる、非難の籠もった視線を肌にピリピリ感じ取ってはいても、逃げるに逃げ出せず、全身にびっしり冷や汗をかいてしまったというのだ。

エレベーターの同乗者たちは、不埒な挙に出たのが妻の腕の中で無邪気に微笑んでいる赤ん坊だとは、よもや思うまい。せっかく久し振りにおめかしして街に出掛けた妻だったが、楽しみや気晴らしでもあるはずの買い物が、突然、衆目の中でひたすら赤恥に耐える苦行に変わってしまった。

人になるとは、あの辺りの筋肉の使い方を巧みに調節する、雅びな文化的技術の（意識的・無意識的な）習得を含むものだという事情を、幼い娘が教えてくれたのだった。まだ若い頃のエピソードである。

出臍と幸せのオナラ

ただし、赤ん坊の放屁の音が大きいのは、医師たちには周知の事実であるらしい。きちんとその生理的な原因もわかっている。目にも明らかな傍証の一つが、まだ幼い頃には出臍の子供が多いという、私たちにも馴染みのある事実だという。

哺乳動物の臍の周りには、筋肉も筋膜も皮下脂肪もついていない。いわば、皮一枚で外気に接しているのだ。それで、腸の内圧が高まると、無防備なその部位から体外に向かって腸が徐々に押し出されてきて、いわば一種のヘルニア状態になる。これが出臍である。とはいっても、腹膜と皮膚の抵抗があるから、出臍が異常に大きくなることは、まずない。

何といっても、出臍が多いのは乳児たちである。それというのも、乳を飲み込む時にかなりの量の空気も一緒に吸い込むので、腸の内圧がどうしても高くなってしまうからだ。しかも、赤ん坊は四六時中眠っているが、寝た姿勢ではゲップが出にくくなってしまう。乳はやがて腸内で消化吸収されるけれども、空気はそのまま取り残されて溜まってくる。赤ん坊のお腹が何時も膨れている原因の一つが、これである。その結果、腸の内圧が高まり過ぎると、腸内ガスが時々びっくりするほど大きなオナラとなって、赤ん坊のまだ飼い馴らされていないかわいいお尻から、勢い良く吹き出すことになるのだ（高橋逸郎『子育て小児科医の助言』）。

母乳や牛乳を飲んだわが子の背中をまっすぐに立てて根気良く摩ってやり、やがてゲップが出ると一安心してその手を止める。これは、父親であれ、親たる者の誰もが幾度かはする経験だろう。そうしなければ赤ん坊は、飲み込んだばかりの乳をゲップと一緒に一気に吐き戻してしまうのである。高橋医師によると、子供がやがて立って歩きまわるようになると、ゲップもかなり出やすくなって、お腹の張りもずっと弱まるという。

ところで、ケニアのキプシギスでは、奇妙なことにもっと大きくなってからも出臍を突き出している子供がたくさん目につく。これは、一体なぜだろうか。あるいは、元々牛牧民であり、牛乳を飲む機会が多いのがその原因かも知れない。また、穀物、繊維質が多い芋類、糖質の消化吸収が悪いバナナなどを大量に食べることも無関係ではないだろう。ただ、その子供たちの出臍も、何も処置しないのに、やがていつの間にかきれいに姿を消してしまう。

若山喜志子は、孫が赤ん坊だった頃の出来事を、こう歌に詠んだ。「思はずも／一つもらして／幼児は／われと驚き／高笑ひせり」（『芽ぶき柳』）。きっと、赤ちゃんが自分でもびっくりして笑い出したこのオナラも、相当大きかったのではないだろうか。ただし、幸いにも、デパートのエレベーターの中ではなかった。家族が幼子と過ごすこんな機会には、そのオナラはいささか滑稽であっても安らかな気分を助長して、一層温かな思いを深めてくれる。この事実もまた、放屁が単に生理現象であるばかりでなく優れて文化的な現象であって、二人以上の者が居合わせる状況（社会学でいう「社会」）ではそれに応じた人間的な意味を色濃く帯びる事実を確認させてくれるだろう。

ついでながら、「足の皮はあつきがよし、つらの皮はうすきがよし」と言ったのは、江戸中期、豊後は国東の里に生まれ住んだ孤高の思想家、三浦梅園である。しかしながら、同郷の我が妻の身に振りかかった突発的な「災難」を思えば、社会に出て不特定多数の人々と交わる機会が飛躍的に拡大した現代の若い母親は、（今や美しく且つ丈夫な靴を纏っている）足の裏の皮ではなく、面の皮が多少とも厚くなくては務まらないのかも知れない。人間の身体もまた、各時代の文化の現実の中にあって、その文化が付与する意味を忠実に生きて独得の表情を得るのである。

ウンチという私

爪、髪、髭、髯、歯、（腋毛や陰毛などの）体毛、皮膚、臍の緒、かさぶた、ふけ、垢、目脂、鼻糞、耳垢、恥垢、（怪我の出血や経血や鼻血などの）血、唾、痰、洟、水洟、涙、涎、汗、精液、陰水、下物、吐瀉物、屁、膣屁、クシャミ、ゲップ、アクビ、オクビなど、人体の切り離されたり脱落した一部分や、人間から外界へと溢れ出てくる諸々の排出物は、いずれも両義性（正負の価値を併せ持つ属性）を帯びた物として、どの社会でも、人々の強い関心を引き付ける。そして、その両義性は「穢《けが》れ」（「汚れ」）として象徴され、文化の秩序から排除されると共に、強い関心の対象となる。尿や屁などの排泄物、その中でも特に糞便が身体からの排出物の典型的な例として劇的な効果をもつことは、あらためて前章「旅にしあれば」のオフキ姐さんの例を参照するまでもなく、誰にとっても明白な事実であろう。

これに関連するのが、幼い子供が或る時期に糞便に異常に強い関心を抱くことがあるという、世界中のどの社会でもよく知られている事実である。そして、若山喜志子が孫の振る舞いに見出したように、子供はことのほか放屁を面白がる。この現象が普遍性をもつのは、次のような事情のゆえだ。

この時期に、子供は自然的な存在（種としてのヒト）から文化的な存在（類としての人間）へと移行するために、絶えず言語や身振りなどを覚える訓練をしながら、文化という「象徴の森」の中へ一歩一歩分け入りつつある。つまり、自然は本来どこにも切れ目のない連続体なのだが、人間は自分が生み込まれた文化に固有の（言語）カテゴリーに従って、多くの不連続な部分の集合として自然を認識するように自ら仕向けているのである。こうして、子供にとっても、自然は（他の動物にとってのように）単なる外部環境ではなく、統一された秩序をもち、人間がその中心にいる、一つの世界として徐々に姿を現し始めるのである。

物心がついて「自分」ができたとは、自分と自分ならざるもの（としての世界）とが同時に切り分けられ（「分節」され）て成立したということである。どの子供にも、必ず「なぜ」「どうして」と尋ね続けて止まず、親をほとほと閉口させる一時期があるものだ。どんなに意を尽した親の答も、決して子供を満足させはしないだろう。何しろ、子供は、本当は、世界のかれこれの特定の事柄のどれかが腑に落ちないのではなく。自分の周りに世界（自分ならざるもの）が存在している、そのこと自体が不思議でならないからだ。この根源的な問には、答がない。

「象徴の森」に分け入る訓練を始めた段階の幼児にとっては、（世界に向き合っている当の）自分とは一体何なのか、またどこまでが自分で、どこからが（自分ならざるものである）世界なのか、即ち、その境目がどこにあるのかが、やがて最大の存在論的な問題になって来る。

排泄物、ことに糞便は、自分の身体から絶えず大量に湧き出してくる物であって、自分と世界とを直接的に媒介する。それは、世界（の一部）であって且つ世界でなく、また今や自分であって且つ自分ではないのだ。だから子供は、その著しい両義性に強く引きつけられて、糞便が一体どのカテゴリーに属するものなのか、きちんと知りたくて堪らない。それがわからなければ、一つの部分が他のすべての部分と相互に切りわけ合っている（示差的な）様々なカテゴリーの総和としての世界が、曖昧な隙間だらけのものになってしまうのだから。

痛い

糞便への強烈な関心は、文化化（社会化）されつつあるこの時期の子供にとっては、切実な自己訓練の一部分なのである。

ちなみに、若い友人（男性）が、この意味でとても印象深い体験談を聞かせてくれた。彼は、偶々、暫くの間、姉に代わって幼い姪の世話をしたことがあった。この小さな女の子は、オマルに座って初めて排便できた時に、今自分がしたばかりの糞を暫くしげしげと眺めてから、突如「痛い！」と叫んで、大声を張り上げて泣き出したそうである。彼女は、自分の体の一部が（歯や血液か何かのように）自分から突然脱落してしまったという、喪失の恐れと痛みをヒシと感じ取ったのだ。

おそらく今では誰もすっかり忘れ果ててしまっているだろうが、私たち大人の誰もが、このようにして育ちつつ、徐々に文化という「象徴の森」（カテゴリーによる秩序の体系）、つまり人間の世界に入り込んで行き、それと呼応し合いながら自分を人間として作りあげてきたのである。

出ない

ところで、排泄物の中にあっても、屁は、一種独特の性質をもっていると言える。それは、屁が、たとえば経血や糞便とは違って、人間が自らの意志によって抑圧し、排出を止めることが或る程度までは可能な対象だからである。

生理現象の中でも経血や怪我の出血、洟水・耳垢・目脂等の溢出などは、本人の意志とは完全に独立した、いわば自然現象である。咳やクシャミも、またシャックリに伴う息や音も同様だし、アクビには動物的な反射運動としての不随意性も見られる――何しろ、アクビは「うつる」のだから。一方、涙は感情に連動しているがゆえに人間的な情緒価値の一側面と不可分に結び付けられていて、人の身体からの排出物の中では、ほとんど唯一、どの文化でも純粋に賞揚されている。大便の排出にはまだ意志的に耐えられる面もあるが、しかし下痢となれば、どうもがいてみても誰も抗し難い代物だろう。（キプシギスの土地での受難者である私の場合のように。）

排尿を我慢できる時間には（ことに尿道の短い女性の場合は）限度があるし、無理をすればとかく腎臓や膀胱の炎症に繋がりがちだ。侍従長を勤めた入江相政さんには、「小便がつまる」という題で、陸軍が昭和十一年秋に挙行した北海道大演習の天皇行幸にお供をした時の逸話を綴った、次のような随想がある。

彼は、演習の前後に、天皇が回りきれない各地の学校、工場、社会施設などへ、勅使（侍従御差遣）として代理で歴訪した。北海道ではどこへ行っても牛乳がよく出されるし、ビールも昆布茶も美味しい。それかあらぬか、沿道を白手袋の右手を挙げたまま答礼して行く最中、激しい尿意に襲われた。それで、未整備の田舎道を行く車中でポンポン撥ね上げられる度に、死ぬ思いを味わったのである。

天皇の名代が車中で粗相するわけには、絶対にいかない。とはいっても、「北の国の田舎で死ぬのだときまれば、もう恥も外聞もありはしないのだが」、どこかの物陰で立ち小便したくても、生憎道端に立っている人の列が途切れない。そうこうする内に訪問先の一つの或る村役場に着いて「もう死なずにすんだ」と安堵すると、やや落ちついた。そこへ、白襟紋付きの婦人が現れてお茶を捧げた。入江さんは、その茶を静かに飲んでから、徐に尿意を告げた。

その時、「フロックコートを着た人が、半紙を綴じたものを持って出てきた。村長が、その村の概況を述べようというのである。ここでそれを述べたら、私は死ぬしかないと思った」。「勅使の威厳というようなものにも限度がある」。やっと便所へ案内されたのだが、生憎そこには既に先客があった。入江さんを護衛してきた巡査の一人で、この人も溜めに溜めていたらしく、待てども待てども終わらない。入江さんは、「相撲取りが四股を踏むような恰好になって苦しんだ」挙げ句、ついに漸く番が回ってきた。そして、生き返る思いで「勇んでかまえたが、これがこまったことに全然でない」!!

きっと、堪《こら》え過ぎて筋肉が硬直してしまったのだろう。これは男ならきっと誰にも思い当る節があって、よくわかるはずだ。そうでなくても、前立腺の不具合は中高年男性にとっては、ほぼ通有の問題だから、男性諸兄は同情しきりというところか。で、話の続きは……是非、原文に当たって頂きたいと思う。

屁と精神

ところが、屁（いや、屁になる前の腸内ガス）はといえば、格別の意志と精神力、ならびに長年の修練で養った筋力をもってすれば、かなりの確率でその放出を半ば完全に抑し止めることができる。

前章で述べた通り、屁を殺す技術にかけては、アフリカの諸民族は、文句なく最高度に洗練された文化的な技術、即ち、（フランスの社会学者で人類学者であるマルセル・モースの言葉を借りれば）「身体技法」を練り上げてきたと言っても過言ではない。何しろ、私が「正式に」、つまり人目のある場で大人が放屁するのを、実質上、一度も経験したことがないのだから。

もう一つ、この面で幾分放屁に近いのは、アクビである。だから、この二つの生理現象だけには、（屁を）「殺す」とか、（アクビを）「噛み殺す」という慣用句が用意されている。

ちなみに、屁にも匹敵する、強く意志的な制御の対象物となる身体の排出物は、精液である。精液の射出の制御が、きわめて精神的、価値的で、宗教的な価値にさえ直結していることは、古今東西を通底する事実である。

実は、放屁の制御もまた（既に詳しく検討した、ケニアのグシイ人の場合のように）世界観を支える原理（ドグマ）あるいは生や文化の技術という意味での、広義の「宗教」にもしっかりと繋がっている。しかしながら、それが優れて精神的な行為であることに、我々は容易に気付かない。いや、気付こうとしない（気付きたくない）、というのが実情であろう。放屁は生理的にも精神的にも抑圧され、さらに文化的にも社会的にも隠蔽されているのだ。

どっちが危険か

さて、それではなぜ、なんとか放屁を抑えて長くもち堪《こた》えられるのだろうか。考えてみれば、不思議である。言い換えれば、放屁を堪《こら》えていると、人間の身体には、一体、生理的にどんな変化が結果的に生じることになるのだろうか。

これが、生理的には、実にうまくできている。腸内ガスは、腸壁に分布している毛細血管から血液中に吸収されて体内を循環し、次いで肺胞から肺へと押し出され、やがて呼気に混じって口から体外へと排出されるのだ。下の口からの排出を拒まれた腸内ガスは、耳馴れた「ゲップ＝逆オナラ」説が説くように必ずしも単純に消化器系を逆流して上昇するのではなく、多くの場合、かくも精妙な仕組みでもう一度口腔へと還流し、上の口を通して排出されるのである。

それどころか、なんと腸で発生するガスのほぼ半分が今述べた経路で排出されているという、米国の研究がある。だから、肝硬変や心不全など血液のめぐりが悪くなる病気に罹かると、その回路が挟められ、その結果ガスが溜まって腹が張ってしまう。この状況では、逆に放屁しようとしても、なかなかままならない。これに耐るのもまた（「出ない」の入江相政さんの場合とは別の）大変な苦行だろうが、自然現象であって意志に関係しないのであるから、精神性には縁が薄い。ここからもまた、放屁の意志的な抑制と精神性や内面性との繋がりが反照されて、浮き出てこよう。

以上に示したように、消化器系と循環器系を複合して組み合わせた精巧な排出の仕組みをもつのは、人の排出物の中でも屁だけなのだ。ところが、最近腸内ガスに発癌性があるのではないかという、疑いがもたれるようになってきた。すると、放屁を我慢して腸内ガスを循環系経由で排出する結果になるのは、健康上、予想以上に良くないかも知れない。（だが、所構わず放出するのは、サリン攻撃に近い犯罪行為なる？）

ただ、表面的には、放屁を我慢することの健康上の破綻は目に映らない。また発癌性は、まだ社会的には確かに認知されず、周知もされていない——幸いなるかな。だから、放屁の抑止は、ほとんど専一に精神と志操の、あるいは社会性の問題に帰されてきた。少なくとも、放屁を我慢する健康上の危険性は、そのタブーを犯して放屁した場合の社会的な危険性に比べれば、ほとんど取るに足らない、些細なものだと言ってよかろう。

ひり合うこそ尊けれ

アフリカにおける放屁の精神性は、（割礼を含む）イニシエーショの時期における「新参修練者《ノヴィイス》」（イニシエーション儀礼を受礼中の者）に対する例外的に寛容な態度によっても、逆に裏面から推し量ることができる。

私は、アフリカでは人目のあるところで誰かが放屁する場に居合わせたことがないと、ここまで繰返し強調してきた。しかしながら、実際には、一つだけ重大な例外がある。というのは、キプシギスのイニシエーション（を構成する五つの大きな儀礼群の内）の二番目にあたる「手の洗浄」儀礼群の一つを受けるべく、縦一列に整列した少年たちが、プスプスと軽い音を立てて、誰彼となくひっきりなしに放屁しているのを間近に見たことがあるからだ。この儀礼は、細かなガラスの針を立て並べたような鋭い刺をもつ蕁麻《いらくさ》の葉が巻かれた、木の枝作りの門を素っ裸で反時計回りに四度潜り、強い顎をもつ黒蟻をその度ごとに裸身に振り撒かれるという、過酷な試練を核にしたものである。

彼ら「新参修練者」が盛んに放屁するのは、十二、三歳前後の年齢でまだ子供だし、赤道直下でも摂氏十度を切る高原の夜気が彼らの丸裸の腹を冷やして凍えさせるからだと、私は思った。ところが、苦り切った顔をしている傍らの長老たちに尋ねてみると、少年たちがだらしなく放屁し続けているのは恐怖の余り度を失っている何よりの証拠だと、口々に答えを返してきた。

もしその通りであれば、前の章で紹介したように、グシイ人の父親が割礼（を含むイニシエーション）を子供に受けさせる時期を決める判断材料として、その子が放屁を抑制できるかどうかを重視しているのは、確かに一つの見識だと言えるだろう。なお、ケニアの隣国ウガンダ東部に住む、バントゥ語系のギシュ人も、少年が割礼を受けるべき時期を決めるのにグシイ人とまったく同じ判断基準を採用している。

キプシギスの「新参修練者」たちは、ある儀礼と次の儀礼の中間の時期は、十人前後の小隊に分かれて、別々の藪地に作られた粗末な隔離小屋で共同生活を送る。私はここでも、彼らが時折放屁しているのに気付いた。イニシエーションの隔離期間は、生涯でもっとも強い「汚れ」に塗れている特別の移行的時間帯だと考えられている。それが、この時期に彼らが放屁を咎められない理由である。

面白いのは、少年たちは、食事をはじめとして彼らの身のまわりの世話をしてくれる長老など、誰か大人が隔離小屋を訪ねてくると、（この期間は言葉を話すことを禁じられているので）ブーブー、ブーブーと一斉に唇を震わせて鳴らさなければならないとする、規範的な作法があることだ。もしそれを忘れれば、大人たちにきつく叱られ、殴りつけられる。このブーブー、ブーブーという擬音は、おそらく放屁を模していて、彼らのこの時期の象徴的な「汚れ」をことさらに誇張するしぐさになっているのだと考えて誤らないと思う。

なお、放屁の禁制が厳しいキプシギス社会だが、同年齢組員同士の間では例外で、相手の目の前で心ならず放屁しても失礼ではないとされる。それは、かつてイニシエーションの隔離期間中に屁をひりあった仲だからだそうだ。なお、同年齢組員同士、ことに隔離小屋を共にした者同士は、(父親の遺産相続をめぐって利害関係が生じかねない)実の兄弟以上の、全身全霊を投げうって助け合う無二の親友になる。たまさかの放屁を許し合うのは、互いが一切の利害得失から自由であり、些かの別け隔てもない間柄であることを象徴する、意味深い行為でもあるのだ。

私たちはここで《序説》の「音も香もない上天の人」の節で紹介した、日本の遊郭で最上とされた女郎と贔屓《ひいき》の関係を図らずも想起することになるだろう。女郎は芯から心を許している客の床では思わずオナラを落とすことがあり、客もその真情を却って賞でたのである。

屁の邪術教育

さて、ここで、私がアフリカの田舎で不用意にティッシュ・ペーパーを使おうとして、危うくキプシギス版のオフキ姐さんになりかかったという、前章のエピソードを思い出して頂きたい。この時に、キプシギス人の知人の一人は、私が藪に残した物を用いて、私がもっとも尊敬を払うべき人物の前で、または万座の中で心ならずも放屁するように誰かが邪術（sorcery）を仕掛ける危険性があるぞと指摘して、私の不用意さを諌めたのだった。

この放屁の邪術は、イニシエーションの「新参修練者」たちが、隔離小屋で行われる「歌いかけ」（教育）儀礼の場で、長老（大人）たちから一通り教えられる数々の邪術の中の一つとして、よく知られているものなのである。

この機会には、幾人もの長老（大人）たちが、代わる代わる、民族の伝承としての歴史、礼儀と社交の作法、邪術の使い方、弓矢の扱い方、戦地の冷えきった地面の上で寝る技術の実際などを事細かに教える。少年たちは、一つの教えを聞き終える度に、それぞれが手にしている長いロープに一つずつ結び目を作って、個々の記憶を繋ぎ留めて行く。そして、「歌いかけ」が一通り終わると、長老たちは、今度はその結び目を一つ一つ解くように命じる。こうして、少年の誰かに代わる代わるその内容を答えさせて、記憶の正確さを確かめるのである。

少年たちにわざわざ邪術を教えるのはいかにも剣呑ではないか、という疑問が当然すぐに湧いてこよう。だが、これも大切な教育の一環なのである。つまり、イニシエーションを済ませたらもう一人前だと見なされて無過失責任を問われることになるのだ、と人生の大切な戒めを与える教育行為なのである。これからは、もう「知らなかった」という言い訳がきかなくなるから、間違っても邪術を使ったという嫌疑を受けたり告発されたりしないように、誰の目にも真っ当な生き方を常に心掛けなければならない、と長老たちは繰り返し警告を発していた。

この機会に習う知識の中には、或る種の細い鎖を木の樹冠を超して向う側へ投げてその木を倒す邪術とか、腐った（ナス科の小木）ソドム林檎の実を用いて娘の気を引く恋の邪術、あるいは催淫の邪術の掛け方などについてのものがある。恐ろしいのは、ロバの下顎の骨をまるごと母屋の戸口の敷居の下の土中に埋めて、やがて確実にそこを跨ぎ越すに違いない実の父親を殺そうとする邪術である。

放屁の邪術

さて、問題の放屁の邪術の掛け方を紹介しよう。大概、自分をすげなく扱った女性が狙われる。狙いを付けた人物の後をそっと尾行して、その人物が野糞するまで辛抱強く待つ。それから、そこに残された糞の尖端を少量採取して、その場を速やかに離れる。次に、実際に風が吹いている時に、隣の木の枝と枝が擦れ合って物音を立てて軋んでいる木を探し出す。それから、夜陰に紛れてその場にやって来て人知れずその木に登り、枝が擦れ合っていた部分に糞をしっかりなすり付けておくのである。これで、準備は完了。後は、何時か効果が現れるのを待つだけだ。

この邪術の例で誠に興味深いのは、文化人類学草創期に、英国の大家ジェームズ・フレーザーが二つに分類した魔術（呪術）の両方の要素を含んでいる事実である。フレーザーは、「類感魔術」と「接触魔術」という、魔術（magic）分類の二類型を提唱した。類感魔術は、たとえば、丑の刻参りをして、呪おうとする相手に見立てた人形（その人物の名前を書く場合もある）の心臓の辺りに五寸釘を打ち込むというようなタイプ。この場合、呪おうとする相手と人形の間にはアナロジー、つまり「類感」の意識が働いているというわけだ。キプシギスの先の例では、風で擦れ合う枝の音と放屁音との間に、またなすり付けられた本人の糞と腸内の糞状の物質との間に「類感」性が見られる、と言えるだろう。

一方、「接触魔術」は、たとえば、呪いたい相手の髪の抜け毛、切り落とした爪屑、衣装の切れ端や排泄物、あるいは足跡や影（の落ちた所の土）を手に入れ、それに働きかけて呪いを掛けようとするタイプ。ここには、全体の代わりにその一部分に働きかけると、その効果が元来はそれと繋がっていた本体に及ぶとする、「接触」の論理が見出せる、というわけである。キプシギスの催屁邪術で本人の糞便がどうしても必要だとされているのは、この論理によると言えよう。

問題のキプシギスの催屁邪術は、複合的な様相をもつ事例で、一方ではフレーザーが提唱した魔術の論理の二類型が有効であることを、もう一方では彼の魔術それ自体の記述と分析の仕方が必ずしも分明でないこととを、同時に、且つ一気に証明していると言えよう。

屁と唯一の純愛物語

長老たちが少年たちに邪術をあえて教えるのは、これから一人前の男として無過失責任を問われるようになる重大な節目に際して、人生の確かな倫理的指針を与えようとするからだ。それに加えて、当事者たちは真剣でも、催屁邪術には、どこか滑稽な可笑しみがあるから、彼らの邪術教育は少しも陰湿な感じを与えない。（屁の功徳というべきか。）

キプシギスでは、放屁にはさらに心を明るく、軽くしてくれる要因がある。と言うのも、キプシギスのように、どこまでも生真面目で、放屁が大きな信用失墜に直結するとされている社会であっても、社会規範が具体的な個人同士の関係をそのまま縛るとは限らないことを示唆する、一つの逸話を知っているからである。それは、私が彼らとの長い付き合いの中で知り得た、唯一つの（キプシギス版）「純愛物語」でもある。次に、それを紹介しよう。

或る所に、飛び抜けて美しい、しかも気だてが良くて働き者の娘が住んでいた。ところが、あろうことか彼女は、いかにも貧相で、男の目から見ればどこと言って取り柄の無い、しかも頭がクラクラする位に強い口臭を放つことで知られた若者と、仲むつまじい恋人同士だった。近くの若者たちは、誰も、それがいかにも気に食わない。

彼らは、事あるごとに口実を作ってこの娘に言い寄り、自分たちの姉妹や他の知り合いの娘を使っては件の恋人の悪口を言わせ、手練手管を弄して彼女の翻意を促そうとした。でも娘は、動じる素振りすら見せなかった。ますます業を煮やした若者たちは、或る日寄り集まって皆で相談をめぐらすと、とっておきの手の込んだ奸計を実行に移すことにした。さしもの百年の恋も放屁一発で醒ましてやろう、というのだ。

ただし、彼らがその手段に選んだのは、イニシエーションで学んだ、先に述べた牧歌的な催屁邪術ではなかった。もっと遙かに実際的で確実な方法を、皆で案出したのである。

いよいよ計画実行の日、前もって選ばれていた一人の若者が、仲間たちの集めてくれた牛の血を、贅沢にも朝から鱈腹に飲みに飲んで、しっかり腹を膨らませたおいた。牛の血はキプシギス人にとっては何よりも貴重な滋養食品ではあるが、それを飲むと決まって大きな屁がしきりに出て、しかも鼻が曲がるほどきつく匂うのだ。

彼は、深更になるのを待って自分の小屋をこっそり滑り出ると、例の美しい娘と恋人が中でまどろんでいる、粗末な草葺き小屋にそっと忍び寄った。そして、その小屋の彼らの枕下に当たる部分の土壁に、外側から、時間を掛けて慎重に小さな穴を穿った。二人に気付かれずに首尾よくこの作業を終えると、彼は、自分の臀部を左右に押し拡げてその穴にピッタリと密着させたのである。それから、満を持して、一陣の凶暴な放屁を二人の枕辺へと激しく深く噴き送ったのだった。

天井の低い、ちっぽけな小屋の暗い内部は、瞬く間に耐えがたい臭気で満ち満ちた。すっかり熟睡していた娘も、臭さの余り息苦しさを覚えて、間もなく目覚めた。そして、今夜は彼の口臭が一きわきついと感じたのだが、その内に、また安らかに眠りに落ちていった。恋人の若者は若者で、この世のものとは思えない異臭にうなされて、やはり目覚めていた。そして、言うまでもなく、最愛の思い人の致命的な失態に気付いていて、さすがに動揺を隠せなかった。しかし、若者は幾分の時間をかけて冷静に心を鎮め澄ますと、すべてを自分の胸一つに仕舞い込んでおこうと固く心に誓った。こうして彼もまた、やがてスヤスヤと軽い寝息を立てて、いつもの夢路を辿り始めたのだった。

この話を、身振り手振りを交えながら、面白可笑しく語ってくれた青年たちの声には、しかし、叶わぬ理想の恋を賛嘆する密かな響きがどこかに混じっているのを感じたものである。

放屁と無償の愛と

人と人とを結び付ける性愛（エロス）の作用は、家族を作って社会を制度化する基盤をなす力であり、それなくしては、いかなる集団も存在しえず、どんな社会も存続できない。しかしながら、反面では、純粋な性愛は理性にも頑強に屈せず、社会の掟に容易に従おうとしない。それは、規範を乗り越えて社会を攪乱《じょうらん》し、時には掟を食い破ることも躊躇《ためら》わない個人の内面の黙し難い声であり、抑え難い促しなのである。だからこそ社会は、男らしさや女らしさのもっとももらしい鋳型（パラダイム）を創り出しては、性愛を手なづけ、籠絡して、社会の内側に巧みに取り込もうとするのだ。

このように、本来、恋愛（性愛）と結婚とは、本質においても、また生起する次元においても異なったものなのである。ところが、近代工業社会は両者を強引に結び付けて「恋愛結婚」という巧妙な観念を創り出して美化して讃え、恋愛が結婚の必然的な前段階だという鋳型を常識として普及させたのである。

他方、雄ライオンを自力で倒すことを成人の条件としてきたことで知られるマサイ社会に隣り合って住み、彼らと戦い、互いに牛群を奪い合って暮らしてきたキプシギスの人々の社会では、勇猛さと旺盛な生活力が男らしさの理想の鋳型であり、長らく、女はそれに強く憧れてきた。ただし、そのキプシギスでも、現在ではそれに代わって、学歴や経済力を備えた者が男の理想の範型になりつつある。

このように、時に応じて造形された理想の範型の力に阻まれて、女の性愛は、「他ではないこの唯一人の男」という自分の感じ方以外にはどこにも根拠のない私的な幻想から遠ざかり、男の社会的評価（共同幻想）に惑溺する。この時に、性愛は既に権力や文化の掌中に落ち、社会の中心価値へと合流させられている。そして、純粋な性愛の本来的な力の源泉である「無根拠な根拠」を見失ってしまっているのである。

しかしながら、右のキプシギス版純愛物語の恋人たちは、「この他ならぬ唯一人の男」、「この他ならぬ唯一人の女」を私的幻想として手放さず、いわば無根拠に、また無前提に相手を愛している。人前での放屁が破滅の代名詞でさえある厳格なキプシギスの社会を実際に生きながら、ノホホンとおおらかな娘。そして「恋人の放屁！」という、想像を絶する衝撃をしっかりと受け止めて、よく克服し得た若者。自分以外には拠って立つべきものが何もなくとも、重苦しい性愛の文化的鋳型を乗り越えて自立した一人の男。その侵しがたい「男らしさ」が彼にはある。

放屁に世を儚む公達

ちなみに、日本の放屁に纏わる古今の物語や伝承には、残念ながらこれに匹敵する話、あるいはせめても類似する話、つまり崇高な愛のロマンスは見られない。世界の他の地域にも、ひょっとしたらやはり無いのかも知れないと思いもする。

日本では、恋と放屁をモチーフとして組み合わせた話としてもっとも名高いのは、おそらく、藤原忠家を主人公とする、『宇治拾遺物語』第三十四話だろう。「美々しき色好みなる女房」と割りない仲になった忠家が、月のとても明るい或る夜の逢瀬で、ついに意を決して彼女をぐいと引き寄せる。すると、あろうことか、女房は慌てた弾みに音高く放風してしまった。(この場面を叙述した「いと高くならしてけり」という表現は、巷間、よく知られるところだろう。)俄に興ざめして、世を儚《はかな》み、すっかり思い詰めてしまった忠家は、出家を望みさえした。だが、狐が落ちたようにふと正気に戻ってみると、それはいかにも馬鹿げている。忠家は、そう気付くと、出家は沙汰止みにしてしまった。これが粗筋である。

確かに、この話は滑稽で、若い忠家の一途さには、そこはかとない、いささかの愛嬌もあろう。しかしながら、先のキプシギスの若い二人の愛の物語と比べてみると、話は上品にとり澄ましたもので、いかにも底が浅い。年若い貴族、忠家の人情の薄っぺらさはまさに紙のごとし、という有り様である。

愛するのは妻か、屁か

日本では、民話の研究者が「屁ひり嫁」、あるいは「屁屋(部屋)の起こり」型というモチーフ分類で一括している話が、広く全国各地に分布していて、人々に愛されてきた。この事実が、せめてもの救いであるかも知れない。その型の話は、概ね次のような筋立てになっている。

大きな屁を放つことを苦にして密かに悩んでいた新嫁に向かって、姑が、遠慮を潔く捨てて心置きなく放屁せよと言う。だが、嫁の屁に吹き飛ばされて、それがまさに暴風のごとき放風であることを身をもって知った姑は、自らの前言を俄に翻して、勘弁ならないと離縁を通告する。新妻を実家に送って行く途中、たまたま夫は、彼女が梨の大木からその実をバラバラと豪勢にひり落として、些かの財をなす出来事の目撃者となる。こうして彼女の屁の「徳」にすっかり感じ入った夫は、妻を家に連れ戻っ（て納戸に厚い壁を建てまわして屁屋（部屋）を作っ）たり、親元を離れて妻と一緒に余所に移住して安楽な一生を送る。細部には様々な変異があるが、大筋は、まあこんなところだろう。

しかしながら、この「屁屋の起こり」話でも、夫は果して妻自身を慈しんだのか、それとも彼女の屁が生み出す財を愛でたのか、明らかではない。おそらくその両方であるのだろうが、そこにはキプシギスの話のような「無償の愛」という理想、あるいは理念型、一言で言えばロマンが著しく欠けているのである。

しかも、キプシギスの話には、たとえばシェークスピアの『ロミオとジュリエット』などに代表される西欧の純愛物語に見られるような、観念的な装いはない。アフリカの恋物語は、そのようなことさらな事大性とも、また徒な感傷性とも無縁なのだ。キプシギスの愛の形は、もっと身近で馴染み易い、ごく世俗的なものだ。この話からは、そこいらの村々に住む生きた庶民の体臭を、その身体の温もりと共にリアルに感じとることができるはずである。彼らは現実的であっても、即物的ではない。

もう一つの伝承

キプシギスの放屁に纏わる伝承でもう一つ印象深いのは、「屋根登りもん」と渾名された困り者の屁ったれ男を、キプギスの人々が植民地時代初期に下級の行政首長に推挙したという逸話である。なおこの場合も、放屁が必ずしも文化規範の額面通りに全面否定されてはいない事実が、本稿の文脈で肝心な点である。

私は、本書第一章（「放屁という覚醒」）で、放屁を抑圧する厳格な社会規範がアフリカ大陸に隈なく行き渡っていると、或る日ふと気付いたことが、人類学徒としての一つの大きな覚醒に繋がったことを詳しく述べた。ところが、実は、これから紹介する屁ったれ男をめぐる伝承をも含めた形でキプシギスの（行政）首長制度をあらためて考察してみたことが、人類学徒としての一層深い覚醒へと私を誘ってくれたのであった。

この逸話をうまく理解して貰うには、前もって、幾分なりともキプシギス社会の政治構造を解説しておかなければならない。少々難しくなるが、あえて多少の辛抱をお願いしたい。

二十世紀初頭に英国によって植民地化される以前、キプシギスの民族社会の中核をなす社会組織は、（他の多くアフリカ社会とは異なって、氏族組織ではなく、）良くできた軍事組織を組み込み、民族の領土全土を横断して一元的に形成された年齢組（＝年齢階梯複合）組織だった。

（割礼を伴う）イニシエーション儀礼がほぼ十五年間隔で開かれて、数年続く。そして、これを機に新しく作られる年齢組に戦士階梯の地位と役割が与えられ、それに加入した「新参修練者」たちが戦士となる。そして、この新しい年齢組が完成すると、それに一つ先行して形成された年齢組は、全成員ごと戦士階梯を退いて、老人階梯に属する一番新しい年齢組になる。

戦士身分の者には、恋愛が公認され、奨励される。またマサイ人やグシイ人などの近隣の民族から一頭でも多くの牛を略奪して婚資（結納）に用いて一家を構え、一人でも多くの妻と子供をもつことが、人生のほぼ唯一で、最大の目標となっていた。一言でいえば、こうした特典を謳歌できる、まさに人生の華ともいうべき時期が戦士時代なのである。

だから、一九四〇年代までは、一日でも長く戦士階梯に居すわりたい年齢組と一日も早くイニシエーションを受けて自分たちの年齢組を開きたい年長の若者たちとの間には、「年齢組の戦争」と呼ばれる武力衝突が起こりかねない、強い緊張関係が存在していた。もっとも古い年齢組に属する最古参の老人たちは、まさにこの両年齢組間のそうした緊張が一触即発状態にまで高まる極点を待って、漸く若者たちにイニシエーションを始める許可を与えたのである。

長老たちのこの知恵は、実に見事なものだ。そうすることによって、極大に達した若者たちの反抗のエネルギーは、成り代わりの願望を媒介としてその大きさのままに昇華されて、社会建設のエネルギーに転化されるのだから。（現代社会はこうしたメカニズムを失ってしまった。）

長老たちは、シコクビエ・ビール（原液）の壺を携えて、現役の戦士たちの許へ出掛け、引退の説得に努めた。戦士階梯を若者たちに明け渡しさえすれば、その日からは、毎日たっぷりビールを飲みながら世の中を語り合う心長閑な営みが、お前たちの仕事になる。どうだ、お前たちの年齢組も我々の年齢階梯に加わって、ゆっくりと人生を楽しもうではないか、と。日常的な飲酒は、「長老」たち、すなわち「老人階梯」に属する年齢組の成員たちだけに許された特権の一つだった。一方、戦士たちは、牛の角杯からほんの一口ビールを飲むことしか許されていなかったのである。酔っていては村々を防衛できないのだから。

恐るべき屁ったれ男

連日、そこここのビール・パーティーを訪ねて飲み歩くのが、長老たちの祝福された後半生だった。ただ、ビール・パーティーは、たとえば日本の「結《ゆ》い」に似た労働交換による、互酬交換（贈与交換）の原理に則って行われる。だから、ビール・パーティーに加わるには、主催者から招待を受けることが条件になる。しかも、ビール・パーティーには、いわば日本の茶の湯にも通じる、社交中心の座談の場と言える側面があった。銘々、尖端に小さな漉し器がついた、三～四メートルもの長さになる植物の茎製のチューブを（小屋の円形の土間の中心に据えられた）壺に差し込んで、酸味のあるシコクビエ・ビールを飲む、否、吸うのだ。余程強く吸わないと、ビールは出てこないし、時々チューブを外して、漉し器の網目に詰まったビール滓を叩き落とさなければならない。こうして、壺の中のビールの原液に時々湯を差し加えながら、ゆっくりと、一晩も二晩もかけてビールを楽しんだ。

ビール・パーティーを開く人物は、会場となる小屋の入口の傍らに坐って、座の静謐を保つ責任を負い、その手際が彼の社会的信用を左右した。ところが、「屋根登りもん」は見境なくビール・パーティーに押しかけてきては何時もくどくどとビールを無心するので、人々に疎まれ、厄介者として忌み嫌われていたのである。

それだけではない。「屋根登りもん」は、或る日、ビールを飲んでいる長老たちに追い払われると、腹いせに、なんとクルッと尻をビール壺に向けて、音高く一発屁を放った。無論、これで、ビール・パーティーはおしまい。俄に散会になってしまった。ビール壺は、大宇宙としての天地と、小宇宙としての村を二重に象徴している。注いだ熱湯で泡を吹き上げたビールが勢い余って壺の外側に溢れ出ると、村の中に死者がでる予兆だと言って恐れられる。その一方、老人たちは壺の入口でプチプチと跳ね散る飛沫の様を読んで雨占い（雨季の到来の予測）をしたのである。一発の放屁がその二つの世界を台なしにしたのだ。

また別の機会には、「屋根登りもん」は、長老たちがビールを飲んでいる小屋の屋根に登って、円錐型の草葺き屋根のてっぺんに聳え立っている、長い白木の杭を折り取って投げ捨てた。この杭は、その小屋の主の生殖力（と男根）を象徴していて、彼の存命中は、彼以外には誰も手を触れてはならない。そして彼が死ぬと、この杭を取り除くための特別の儀礼が行われるのである。「屋根登りもん」のビール壺への放屁も、この抗を折り取った所業もともに、恐るべき邪術だと見なされた。

植民地化以前だったら「屋根登りもん」のような振る舞いは、キプシギスの慣習法によって死刑に値するものとされただろう。だが植民地政府が慣習法による死刑を「私刑」と見なして既に厳禁していたので、この新たな政治状況の中で初めて「屋根登りもん」の振る舞いが現実に起こりえたのだと見なければならない。この事実は、確かに一面では、植民地化がキプシギス社会のあり方を大きく変化させた結果だと言えよう。

ところが、驚くべきことに、キプシギスの人々は、英国植民地政府が新たに導入した（各種の）ヘッドマン（下級の行政首長）候補の一人として、この「屋根登りもん」を推挙したのだった。

放屁という覚醒、再び

確かに、キプシギス人をはじめとするケニアの諸民族は、伝統的な政治体系の温存を画策して、「取るに足りない者たち」を行政首長候補に選んだと、報告されている。また、間接統治政策による行政首長制導入に際して、ケニアばかりではなく、他の英国植民地でも同様の現象が見られたのである。しかしながら、屁っぴりの「屋根登りもん」のような、常軌を大きく逸脱した人物をヘッドマンとして推すとは、いったいどういうことなのか。私は、最初容易に腑に落ちなかった。

この疑問の追求が私のキプシギス社会の研究に大きな転機をもたらし、オックスフォード大学のペリスチアーニィの、型通りで説得力のない先行研究の論理を一新する仮説に導いてくれたのだった。私は、「屋根登りもん」という逸脱者が指導者に選ばれたのは、それが伝統的な指導者の属性に必ずしも矛盾せず、むしろ植民地状況という新たな脈絡での可能な変奏形だったと仮定してみた。すると、この視点から、植民地化以前の指導者（「調停者」）たちが一方的な聖人君子ではなく、実はむしろ周縁的で両義的な属性をもつ人たちだったことが次々に明らかになった。

それに基づいて、私は、二つの異なる言葉の力を操る二つの権威の対抗関係という、まったく異なる切り口でキプシギスの政治構造を捉えた。即ちその権威の一方は、他民族から新しく編入されて社会の周縁に位置している氏族の成員で、村々に招かれてその裁判を司り、また他民族との和平交渉にも責任をもつ「調停者」。彼らは、成人には禁じられる謎々の逸脱的で飛躍的な論理を駆使する「謎々者」（子供じみた大人）なのだが、それと共に他言語の卓越した話者でもあって、この二重の意味で「異人」なのだ。もう一方の権威は、社会の中心にいて、真のキプシギスを名乗る古い氏族を中核にしていて、正当性を付与された「呪詛」を用いる社会的な制裁力を司る長老たち。異人である前者は特定の裁判管区をもたず、氏族、年齢組、軍団などの中間的な集団の狭い利害関係を超越して民族全体の価値を媒介し、斉一で広大な法＝民族空間を具現した。彼らには、民族社会の危機が訪れた時に、硬直した構造的社会状況を克服して新局面を切り開く革新性を発揮することが期待されている。その反面、異人であるがゆえに他民族と通じたり、権力を専横する危険性をもっているとも見られていた。そこで、保守的な長老たちは絶えず呪詛の制裁力で彼らに対抗して制御し、社会の均衡を維持しようと努めたのである。

私は、植民地化以前の政治構造を右のように捉え、この仮説に沿って十九世紀末から二十世紀初頭の予言者集団の到来や行政首長制の導入以後の変化を記述し、分析した。すると、キプシギス社会とその歴史の見通しが、一気に大きく開けてきたのだった。それは、一つの実に深い覚醒の経験であった。

私は、屁っぴり男の「屋根登りもん」に秘かにどんなに感謝したことだろう。キプシギスの放屁現象についても、人々の通り一遍の類型的で表層的な説明に満足せず、個々の人々の具体的な経験を遂一追い求めて考察したことが、社会と文化についての深い理解へと繋がった。そして、この章でもまた、二つの伝承を題材として、「放屁という覚醒」を改めて確認したことになる。

アフリカのサヴァンナの荒野に立ち騒ぐ、風の音と匂い。思い出すと、その風には、他のどの大陸に吹く風よりも一層強く、人々の息づかいと肌の温もりが宿っているように思える。

4 夜のランナーたちの風

「荒野に風立ちて」と題した前章（第三章）は、一つの反省と共に綴り始めたのだった。そう、そのまた前の第二章「旅にしあれば」では、「虚学」から「実学」へと引き寄せられがちだったことを省みて、常軌へと復したいと誓った。それにもかかわらず、第三章の首尾は、実際にはせいぜい虚実皮膜の間《あわい》というところか。

実のない風だけを虚心坦懐に論じる「虚学」に徹して、新たな地平を開こうというのが本書の本懐である。スカトロジーの非実学性を支持しながら、さらにその内部に「実学」と「虚学」の区別をあらためて立てて、能う限り後者に集中する。それが、方法的な序説「薫風響声考」のプランに籠めた、わが風狂の精神のはずであった。でも、その断行はことの他に難しい。「実学」は歴として物証が残るのに、「虚学」のそれはいかにも儚く、ただ風の中に雲と結んで霞と散り、霧と消去るのみ。さて、いかにして「虚学」を「実学」からしかと自立させたものであろうか。

この章の主人公は、東アフリカの「夜のランナー」(night runner) という一風変わったランナーたちである。彼らが巻き起こし、吹き送る風を焦点として「風の精神史」を論じるこの章においてこそ、放風そのものに潔く身を任せ切って、泰然たりたい。

叶うことなら、どこまでも気体一筋。それが序説「薫風響声考」の初志であることをもう一度確認しよう。そして、重たい「実学」に陥らないように、篤と心しなければなるまい。

人類学の隠れた技法

この章では、あえて論述の方向性を大きく転じたてみたい。即ち、特定の民族の文化の深奥《しんおう》へと分け入る集中的(インテンシヴ)な手法の裏側から、つまり、いわばその陰画ともいえる、拡張的(エクステンシヴ)な手法で論述を展開してみたいのである。

人類学では、その方法論上の特徴として、集中的なフィールドワークの重要性が繰り返し強調されてきた。ただし、世上の関心も引きにくく、また今日の若い人類学徒には忘れられがちだけれども、実は、一種の通文化的な比較という方法もまた人類学の集中的なフィールドワークに欠かせない、大切な補完的要素なのである。

即ち、(中心的な調査地以外の) 対照地域での比較調査、或いは一層の拡張調査がそれである。より具体的に言うと、集中的なフィールドワークを行う民族(私の場合は、ケニアのキプシギス人)の近隣の諸民族の中から、適宜、〔A〕言語・文化的に同系統の民族（同、テリック人、トゥゲン人、サバオット人）、〔B〕歴史的な相互影響関係があるが別の言語・文化系統の民族（同、ティリキ人、グシイ人、マサイ人）、〔C〕直接的には濃密な歴史関係がない別の言語・文化系統の民族（同、マラゴリ人、ガンダ人）をそれぞれ一、二選んで、幾つかの特定項目について調査を実施するのである。

その目的は、主な調査地での集中的な調査で得た仮説の妥当性を、比較を通じて吟味して、一層の確証に努めたり、見直しを図ったりすることにある。

浮上する夜のランナー

さて、前章で詳しく述べたように、植民地時代初期に、キプシギスの人々が「屋根登りもん」という困り者の屁っぴり男を下級行政首長に推挙した。その社会的な意味の発見が開いてくれた新たな展望の大きさに注目した私は、近隣の諸民族にも類例があるかどうか、それを対照調査項目の一つに加えて調べてみた。アフリカでは、私の見るところ、放屁厳禁の社会規範は普遍的である。だから、個々の民族社会の政治構造がたとえどうであれ（つまり、キプシギス社会に類似しているにしろ、いないにしろ）、「屁っぴり男」がその社会の中心価値（を代表する集団）の典型的なアンチ・テーゼとして選ばれる可能性を想定できると考えたからである。

しかしながら、実際には、類比性や関連性の高い事例は容易に見出せなかった。唯一の例外は、（右の分類では〔B〕に該当する、西ナイル語系の）ルオ人の間に知られる伝承だった。昔、人々の面前で平気で放屁する男性は、体面を少しも構わない豪気朴訥な人物だと見られ、その人柄が賛仰されさえして、異民族に対する戦いのリーダーに選ばれたと言うのである。しかしながら、戦いのリーダーに選ばれたのは、極端に度を過ごさない放屁者たちに限られていた。逆に、度外れていかにも傍若無人な屁っぴり男は、人々を誤った方向に導き兼ねないとして、むしろ排斥されたのだと言う。

ところが、この事実とは別に、対照調査を行った実に数多くの民族の間に、英語では「夜のランナー」と呼ばれる、一種の邪術師の存在が広く信じられていることが明らかになってきたのである。東アフリカ各地の人々の謹厳を極める放屁タブーの裏側では、夜な夜な屁を機銃掃射しながらヒョウやハイエナという使い魔をひき連れて走りまわり、踊りまわる「夜のランナー」信仰という、いかにも野放図な幻想が育まれ、人々の心の中に深く根を張っていたのだ。

夜のウォーカー

ところで、具体的に「夜のランナー」を立ち入って論じる前に、この奇怪な社会現象、ないしは民俗信仰を多少なりとも実感をもって理解できるように、工夫をこらす必要がありそうだ。あえてこの目的のために、まず「夜のウォーカー」としての私自身の経験にふれ、次に日本の「街のランナー」へと論を及ぼして、繋ぎにしたいと思う。

私はここ暫くの間、主に涼しい夜の帰り道に、五、六キロメートルほどの距離を速歩することを唯一の健康法にしてきた。まだ横浜の郊外のそこここに残されている丘の尾根をつたって野菜畑を横切る細道を歩くのは、実に爽快だ。急な坂道に出ると、わざと後ろ向きになって登る。こうすると、脚の筋肉の負荷が大きくなって、誠に良い鍛練になるからだ。もちろん、歩きながら左右を絶えず振り返って、通行の邪魔にならないように注意も怠らない。それでも、困ったことに、たいていの人々が「相当危険そうな人物」、せいぜいよくても希代の変人か奇人に出会ったという、とても怪訝そうな、驚きと困惑の表情を見せる。夜道では、泥棒か何かと間違えられかけている、と感じさせられる目線に出会うことさえもある。

私の体験では、後ろ向き歩きは、平素はまず動かさない筋肉を鍛え直す、楽しくて効率的なエクササイズだ。しかし、日本ではまだ「危険な」運動であると言うしかない。

ある晩、ホッと思わず心が和んだのは、狭く暗い急な坂道で出会った一人のオバアサンの一言だった。そこは私の自宅からは遠い地点なのだけれど、にっこり微笑んで、「お帰りなさい」と挨拶してくれた。勤めを終えて家路を急ぐ者を誰彼なくご近所の一員として迎えて労《ねぎら》う、優しい心根が嬉しかった。この言葉は、不意に出食わした見ず知らずの相手の敵意や警戒心を即座に解除するという、甲羅を経たお年寄りの知恵でもあっただろう。

最近、「スローピング」と名付けて、坂道や階段を昇り降りするエクササイズが徐々に盛んになっていて、その中でも、後ろ向きで登るのが上級者の運動とされているらしい。特に神奈川県三浦市では、市民がグループを作って「スローピング」に熱心に取り組んでいると伝え聞く。でもね、個人で実行するのはとても勇気がいるし、現実には、なかなかに「危険」でもありますぞ。どうか、ご注意あれ。

他方、日本では長年、老若男女を問わずジョギング熱が高い。いわゆる「市民ランナー」の数は、八百万人とも九百万人とも推計されているほどだ。なにしろ、一度経験するとランニング・ハイの快感は容易に忘れ難いものらしい。ある投書子は、こう述べている。「ゆっくりと走っていくと、こめかみから額にかけて汗が伝わり、流れる汗とともに一つずつストレスが流れ去っていきます。そして、頭の中がカラリと空っぽになり、ただただ風を切って走ることが心地良く、大気の中に吸い込まれそうな快感と自然の中に溶け込んだ一体感と、どこまでも走れそうな感覚に包まれる。解き放たれた体が弾み、とてもうれしい気持ちがあふれ、汗が快い。（中略）皆さんもこのすてきなランニング・ハイを経験してみませんか」（朝日新聞、一九九四年六月六日）。

ところで、ケニアなどの東アフリカ諸国は、今や世界的な長距離ランナーを陸続と生んで競技を席捲している。ケニアでは、中長距離ランナーこそがこの国第一の「輸出品」だという類の記事が、近年新聞紙上を賑わしている。だが、その東アフリカ諸国でも、自由気儘にジョギングを楽しむことは、いささか難しい。たとえ私のように後ろ向きに歩いたり走ったりしなくとも、ただ夜間に軽くジョギングをするだけで、きわめてうろんで危険な人物だと受け取られ兼ねないのだ。それは、決して政治的な理由からでなく、文化的な伝統のゆえなのだが、くれぐれも注意する必要がある。

この点でも、日本の常識は決して東アフリカの常識ではない。それというのも、先に予備的に紹介した「夜のランナー」たちに間違えられて、大袈裟でなく、ひょっとしたら命さえ落としかねないからである。それが、ケニアの（バントゥ語系の）ルイア人の一派、ティリキの人々の間で、一九八七年七月から八カ月間を過ごした、私の実感だった。

なにしろ、十九世紀半ばに西欧と出会うまで、アフリカ内陸部では、非戦時に走ること自体が異常なことだったのだから。いやアフリカには限らない。世界の大多数の社会で、ゆっくり歩くことは威厳を示すことであり、走るとは尋常なことではなかったのだ。無論、日本社会も例外ではなかった。

街のランナーたち

ところがかなり以前から、日本の道という道をジョガー、いわば街のランナーたちが自由自在に走りまわるようになった。彼らが出没するのは、涼しい早朝や明るい夕方には限らない。長時間の電車通勤の超満員の混雑に耐えて帰宅してから、すっかり人気の絶えた、暗い夜道を黙々と走っている人たちも数多いようである。

誰しも、路線バスの最終便も出てしまって、一人深夜の家路を辿ることが時にはあろう。夜道の所々で、街灯が闇を切り取って、光の円錐を作っている。その円錐の一つの中を通り過ぎる束の間に、その外側を領する漆黒の闇の中から、ジョガーが突然降って湧いたように飛び出して来ることがある。静まり返った遠い夜道では、前から後からヒタヒタと近づいて来る小さな足音は、走者の身体と共に、なにがしかの恐怖の予感をも一緒に運んで来る。

また、夜の暗がりの中を物思いに耽って歩いていたりすると、ジョガーに背後から音もなく抜き去られて、俄に我に返ることだってある。しかも、一頭の大きな犬や二、三頭の犬たちにほとんど引きずられるように走っている、愛犬家らしい人々もいる。街のランナーたちとのこのような不意の遭遇に思わず肝を冷やした経験は、帰宅時間の遅い都会のサラリーマンにとっては、きっと両三度のことではあるまい。

しかも、ジョガーたちは、憑かれたように走り続ける。よほどの不都合がない限り、雨の日も風の日も休みなく、ひたすら走り続ける人が多いのだ。今でも印象深く思い出すのは、司法試験に幾年も挑み続けていた、学生時代の知人たちである。彼らにとっては、毎日決まった時間に一定の距離を駆けるジョギングだけが生活のリズムを刻むせめてもの縁《よすが》であり、一日としてジョギングを忘れようとすることがなかった。彼らのように、とかくストレスの多い日常を生きる現代人には、ランニング・ハイが一つの得難い救いであり、ジョギングを仮にも休むことは、大きな不安の種となるのである。

屁の力

ただし、日本や欧米のジョギング熱、あるいはウォーキング熱は、近年のごく新しい流行現象である。一方、東アフリカ（のケニア）各地には、「夜のランナー」と総称し得る不思議なランナーたちが、遙な悠久の昔から存在していたと信じられているのだ。そして、彼らの最大のスティグマは、途方もない屁ったれ者だという点にある。アフリカでは、放屁は「反人間」の、あるいは文化を脅かす反秩序としての「自然」の、何ものにも増して強力な表象なのである。

私が、直接参与観察や聞き取りをした限りでも、西ナイル語系のルオ、東ナイル語系のマサイ、トゥルカナ、テソ、南ナイル語系のカレンジン諸民族（ナンディやテリックなど）、バントゥ語系のグシイ、ギリアマ、タイタ、クリア、ルイア諸民族（ティリキ、マラゴリ、イスハ、イダホ、ハヨ、ワンガ、サミア、キサ、ニャラ、ンドムビ〔カカメガ・ニャラ〕、ニョレ、マラマ、マラチ、カブラス、ツォツォ、ブクス）など、ケニアの諸民族の多くの人々が、「夜のランナー」の実在を今でも堅く信じている。中でも、ルイヤ諸民族間でこの信仰は著しく、彼らは他民族から往々夜のランナーと呼ばれもする。また、カレンジン語系に属するキプシギス人は、自分たち自身の中に夜のランナーは存在しないと言うが、隣に住むグシイ人の夜のランナーをひどく恐れている。

「なんだって!! ルイヤ人と結婚する？ 夜のランナーとか？ お前な、いっそシベリアの娘を貰った方がましってもんだぜ」（ケニア『サンデー・スタンダード』紙、2005年11月）。

また、（ケニアのブクス人とごく近縁の）ウガンダのブギシュの人々も、この信仰をもっていることを確めた。さらに、タンザニアにも広く分布するバントゥ語系の諸氏族の間にも夜のランナーの信仰がある。しかも夜のランナーを指す名称も、また彼らがするとされる行為も、ケニアの諸民族の例に驚くほどよく似ている。(なお、以下の議論はすべて私自身のフィールドワークに基づいている。)

お騒がせ者

そこで、まず民族的な偏差をできるだけ省いて、あえて夜のランナーの平均像を描いてみよう。そして、各々の民族の固有の側面に関する注記は、煩瑣になることを避けて最小限に止めたい。

夜のランナーたちは、夜が更けて来ると狂気に襲われてそぞろ気が騒ぎ出して、片手に火をもつと、裸で辺りを駆けまわっては、そこここで踊り狂う。彼らが裸になるのは、その姿を夜陰に紛らわせるためである。いわば、日本の忍者が蘇芳を加えた墨染の衣装に身を包んだのと原理的には同じだが、裏返しの技法なのだ。アフリカの人々の黒く滑らかな肌は、衣服を脱ぎ捨てさえすれば、そのまま即座に夜の闇の中へと溶けて行く。夜のランナーは、必ず使い魔の獣を連れて走るが、その獣も常人の目には見えないそうだ。

(ケニアでは)夜道を一人で歩いている時に、突然何かが傍らを通り過ぎた感じがして、ひどく驚かされることがある。その時に俄に髪が総毛立つと、それが夜のランナーのせいである証拠だという。夜のランナーが、使い魔の獣と後になり先になり、追いつ追われつしながら、傍らを通り過ぎて行ったのだ。すると、今度は、その夜のランナーが使い魔に命じて、今追い抜いたばかりの人の周りをグルグル走りまわらせる。これが、先に名前を挙げた、ほぼどの民族でも信じられている事柄である。

ただし、今では、彼らも幾分かは「近代化」したらしい。上半身に毛布を引っかけている(ツォッォ）、首にシャツを撒いている（ブクス）、パンツかレインコートだけ着ている（ニャラ）、ボロを纏っている（ニョレ）、とも言う。もっとも、現在では普通の服装で走るようになったと言う人も少なくない。

夜のランナーたちは、後ろ向きになって他人の小屋のドアを叩いたり、突然ドアを足で強く蹴りつけて、中で寝静まっている人々を驚かせる。ドアの留金をしきりにガチャガチャ言わせて悩ませる者もいる。

物音に驚いた家人がドアを開けて外に飛び出してみても、辺りには誰の姿も見えず、人の気配さえしない。あるいは、物音に気づいて戸外へ出てきた家人を外で眠らせておいて、室内で陽気に踊りまわる者もいるらしい。一説では、眠っている住人を背負って外に連れ出して、空になった屋内ではしゃぎまわるのだそうだ。

走る邪術師

夜のランナーたちのやることは、大概はこのようにどこか滑稽で、深刻な実害がないようなものだ。そこで強調されているのは、彼らの反社会性よりは、むしろ反文化性だと言えるだろう。テリック人やナンディ人など、南ナイル語系の人々の間では、ことにこの傾向が強く、夜のランナーに対する姿勢にも余裕がある。

ただし、影（が落ちた地点の土）を取ってそれをどこかの石の下に置いて（ギリアマ）、あるいは小さなトカゲを腹の中に入れて（ブシア・ニャラ）子供を病気にするという強い主張をする人たちも、決して少なくない。マラチ人は、そうしておいてからその子供の病気を治してやっては、山羊か羊一頭を稼ぐのが夜のランナーの仕事だと言う。このように夜のランナーを邪術師として告発する傾向は、ことにバントゥ語系の民族の間で著しい。たとえば、タンザニアのンゴニ人は、夜のランナーが人を殺すと今でも信じているのである。

夜のランナーが来ると、小屋の中にいる人は金縛りになって動けなくなってしまうとも考えられている（キサ）。空中を跳んで屋根裏部屋に忍び込み、瓢箪の容器から取り出した粉薬を天井の隙間から振り撒いて中の人を眠らせる、と信じる人々もいる（ギリアマ）。他人の牛を牛囲いから連れ出して、一緒にひとしきり走りまわった後で返しておく夜のランナーもいるらしい（ワンガ）。

また彼らは、どこでも、石や砂を家々の屋根に投げつけ、一晩中騒々しい音をたてて人々を悩ませる。ことに、最近多くなったトタン葺きの小屋だと、その騒音は凄まじいことになる。小石や乾いて堅くなった土の塊、あるいは砂、時には人糞を小屋の中に投げ入れたりもする。土壁の小さな穴や隙間から長い棒を突っ込んで、寝ている家人をつついて、安眠を妨げることもある。

また、夜道を歩いていると、行く手や背後に石を投げて、突然大きな物音を立てて驚かせる。その代わりに、細い枝を投げて風を切り、ヒューという音を立てることもある。そうしておいては、素早く身を隠す。びっくりした人が反対側に駆けて逃げ出そうとすると、今度はその方向の前方で同じように大きな物音を立てて牽制する。夜のランナーたちは、こんな風に人を脅しては、その慌てたり怯えたりする様子を見て、大喜びしているのだ。

西ナイル語系のルオの人々は、夜のランナーを「夜の邪術師」(jajuog othieno)と呼んで、ひどく恐れる。彼らは夜間裸で他人の家の周りを走りまわって、屋敷の中へ土塊や石を投げ込むが、これは葬式の機会にのみ行われる儀礼的行為にそっくりで、だから他人の死を先取りする邪術だと解されて畏怖されているのである。

放屁の技術

そして、夜のランナーは屁っぴりの大変な名手で、とてつもなく大きな音をたてながら何発でも発射し続けると言う。これは、タンザニアのンゴニ人やザラモ人も含めて、どの民族も例外なく信じている事柄だ。

しかも、バントゥ語系のグシイやハヨ、それに東ナイル語系のマサイの人々は、夜のランナーは逆立ちして放屁しているのだと言う。逆立ちは、夜のランナーが後ろ向きでドアを叩くという共通のイメージと同様に、彼らの「反人間性」を象徴する姿勢である。ちなみに、これと同じ感覚が、後ろ向きに坂道を昇り降りする私に向けられる日本人の眼差しの中にも宿っているのを、確かに実感している。文化の基盤には、同じ人間の、共通の身体特性とそれに基づいた通有の秩序の感受性があるのだ。(この意味で、文化は人々を囲いこむ檻ともなり得る。)

また、ティリキの人たちは、次のような説明をしている。さすがの夜のランナーたちでも、ひっきりなしに放屁し続けている内に、やがては屁の種も尽きてくる。そこで、片方の脇の下を反対の手で押さえつけて、空気を腋窩の瞭間から強く噴出させる。こうして、オナラの音を巧みに真似ているのだ、と。

ところで、かつて豊登という大相撲の十両出身の人気プロレスラーがいた。一時は或る団体のエースだった彼の独特のずんぐりとした体型と、裸足で金太郎を思わせる風貌、そして何よりも怪力ぶりを誇示するファイティング・スタイルを、中年の男性の方なら懐かしく思い出されるのではないだろうか。

彼は、まず両腕をゆっくりと大きく広げてから、今度は腕を窄めるように内側に向かって勢いよく振り戻して胸の前で交差させ、パッカンという、途轍もなく高く鋭くて大きな破裂音を出した。こうして相手を威嚇して怯ませるこの仕種を、一種の売り物にしていたのである。当時、男の子たちは銭湯に出掛けると、上がり場で競ってこれを真似て遊んだものだ。人間がこんな破裂音を出せるとは、思いも寄らない素晴らしい発見だった。飽きずに時々やってみたことを思い出す。

太り肉で、実に幅広で分厚い胸板をもつ彼の両の腋窩から急激に圧し出される空気は、鋭くて大きな炸裂音を生んで、その度ごとに試合の緊張に亀裂を走らせた。対戦相手は、しばしば顔を顰めて尻ごみしつつ両手を豊登に向かって突き出しては、ノーと呻いてみせた。破裂する音響には、状況を切り裂いて一転する力がある——放屁はまさにその典型だ。プロフェッショナルな身体の演技者として、豊登は、それを身を持って見事に証明してくれたのだった。

ただし、もし豊登さんがティリキ人の夜のランナーの贋放屁連発説を耳にする機会があったら、今度は彼が俄に顔色を失って顔を顰め、ノーと呻く番であったに違いあるまい。

ハイエナの背に跨がって

夜のランナーは、ヒョウ、山猫、麝香猫、ハイエナ、狐、ワニ、錦蛇、サイなど、様々な動物のいずれかを、使い魔（手先）として、家の内側の部屋や屋根裏部屋に飼っていて、食べ物を分け合っているのだそうだ。ンドムビ（カカメガ・ニャラ）の人々は、夜走りは自分の糞で使い魔を養うと言う。いずれにしろ、幼獣の頃から育てて手なづけ、飼い犬のように自在に扱うのだ。

自宅の近くの森や藪、あるいはサトウキビ畑の奥深く使い魔の動物を隠している場合もある。そして、夜の帳がすっかり降りると、それを引き連れて一緒に駆けまわる。ハイエナ、ヒョウ、サイなどの背中に跨がって走りまわる者たちもいる。夜のランナーが使い魔を飼う理由は、そうするまでは血の騒ぎが治まらず、しじゅう走りまわっていなければならないからなのだそうだ。なお、女性の夜のランナーもいて、彼女たちの場合は、（雄の）鶏の雛や鼠などを片手の掌中に携えて走る。

夜のランナーは、めざす家々にまっすぐには行かず、先に使い魔をやって、家人が寝静まっているかどうかをはじめ、その家の様子をまず窺わせる。自分は、道々踊りながら遠回りしつつ徐々にめざす家へと近づいて行き、一旦最寄りの藪に身を潜めて暫く待つ。そこへ使い魔がやってきて、目当ての家の状況を報告するのだと言う。

使い魔とされる動物の属性と邪術や死との強い連想関係は、次のような観念からも窺い知れる。カブラスの（二つの分派の一つである）ワトベ氏族の人々は、夜山猫が「ニャオ、ニャオ」と鳴き出すと、その辺りの誰かが近々死ぬ兆候だと信じている。つまり、夜のランナーが山猫を引き連れて、そこまでやって来ていると考えられているのだ。夜のランナーは、山猫の他にインブリという（私には具体的に特定できなかった、おそらく想像上のヒョウに似た）獣も使い魔にする。この獣も夜のランナーについて家の近くに来て「イ、イ、イ、イ……」と鳴くことがあるが、外に出てみても決して姿を見ることはない。一方ブクスでは、山猫が家の近くで鳴くと、夜のランナーが外にいると言う。

これらの使い魔は、夜のランナーとその家族だけには姿が見えるが、他の人たちの目には映らない。万一それが見えてしまったら、命を落とすことになる。また、使い魔が死ぬと、家人の死と同様に悲しんで泣き叫び、喪に服する。家人が誰も死んでいないのに、家族が皆一斉に剃髪して（喪に服して）いるのを見て、近所の人たちがそれと気づくことがあるそうだ。

夜のランナーの妻

夜のランナーが夜中に界隈を駆けまわっている間中、彼の妻は自分の小屋の炉の前に座り続けて、夫の姿が現れないように、独特の仕方で彼に力添えをする。今では少なくなった、ケニアの旧式の炉は、手前側に頂点が来るように（ほぼ正三角形に近い）二等辺三角形に配置された、人頭大の三つの石でできている。手前の一つの石だけは炉（つまり三個の石）に懸ける壺や鍋の大きさに応じて動かすことができるが、向こう側の二つの石は基部を土間のたたきの中に埋めて、しっかり固定されている。ほとんどの民族では、夜のランナーの妻が、この三個の内の右側の石の側面に、ずっと右足を掛けていると考えられているのだ。

また、それだけでなく、夜のランナーの妻は、白胡麻か野生のオクラの未熟な白い実、または熟した白胡麻の実、あるいはピーナッツを一個だけ（順番に）炉に掛けた土器の破片、あるいは平鍋の上に乗せて、指一本、または粥練り棒を使って炒り続けているとも言う。この時、夫婦はラジオの電波が通じ合うごとく、遠くにいる互いの状況を手に取るように感じ合っているのだそうだ。

万一転寝《うたたね》などしていて妻の片足が炉の石から離れたり、炒っているただ一個の白胡麻などの実が炉の火の中に落ちて燃えようものなら、たちまち夫の身に危険が及ぶと言う。夜の闇の中から夫の姿が忽然と浮かび上がってきて人々に俄に見咎められ、捕らえられて、杖や棒でしたたかに打たれることになるからだ。一方、炒っている実が焦げついてしまった場合は、夫の姿が闇から浮かび上がって来るものの、何とか逃げおおせることができるらしい。いずれの場合も、後で妻が失策を咎められて、夫にひどく打たれると言う。なお、この場合、妻が炒っている実の白さは、夜走り中の夫の身体が透明な状態であることを象徴していると言えるだろう。

炉石の含意

妻が踏み押さえているのは、多くの民族では、向かって右側の石だと考えられている。と言うのは、東アフリカの諸民族のコスモロジー（の象徴的二元論）では、右が男を、逆に左が女性を象徴しているからである。ケニアの多くの民族の慣行では、炉の向かって右側の石は、その小屋の主である男性の死後に、或る儀礼によって取り除くべきものとされている。この儀礼では、小屋のてっぺんに立っていて彼の性的能力を象徴する木の杭（つまり、前章の終りで取り上げたキプシギスの「屋根登りもん」が折り取った、件の木の杭に相当する杭）も、この石と一緒に取り除かれるのだ。

日常生活では、料理する女性は、炉石を安定させるために、一個だけ動く手前の石に足先を添えて固定する。したがって、炉の奥にある向かって右側の石に足を添えるのは実際的でないだけでなく、タブーの侵犯に当たると考えている民族がある（イダホ）。このタブーを犯すと、超人間的な制裁力が作動する。その女性の息子がまだ割礼前ならお目溢しになるが、彼が既に割礼を済ませていれば、彼女にはその後もう（男の）子供ができないというのだ。

また、炉は何よりも女性のもの（女性財）だから、成人男性が触れてはならない。ただ、母親が留守なら、男の子は炉を使って料理をする。でも万一、成人した男が炉の石に誤って足を触れたらタブーを侵犯することになり、「独り者」と揶揄されてしまう。

また、次の節で見るように、夫婦の夜のランナーがいて、夜走りと炉の番を交互に分担していると考えるティリキやニョレのような民族も少なくない。すると、この観念複合の場合、妻が夜走りしている間中夫が炉の石に足を触れていることには、ジェンダー秩序の侵犯（裏返し）が含意されていることは明らかだろう。

さらに、三個の内で移動させられる唯一の石（つまり手前側の石）を夜のランナーの妻が踏むと考えるニョレ、（ブシア）ニャラ、キサ、カブラス（の二氏族の一方であるワトベ氏族）などの民族は、夜のランナーが徘徊する習性を、この石（だけ）が動くという属性に象徴的に重ね合わせているのである。カブラス（ワトベ氏族）は、夜のランナーの妻が自動車のクラッチを踏む要領でこの石をしっかり踏んでさえいれば夫は安全だが、誤ってグラグラさせると夫の心臓の動悸が急に高鳴ってくるので、辺りの人々に気取られる危険性が俄に強まるのだと説明した。

一方、妻が左側の石の側面を足先で抑えていると考えるのは、ンドムビ（カカメガ・ニャラ）の人々だけだが、彼らは夜のランナーの邪悪さを、あらゆるマイナスの側面を象徴する左との連想関係で捉えているのだ、と解釈できるだろう。

他の諸民族と発想にかなり大きなズレがあるのが、クリア人である。クリアでは、夜のランナーの妻は、夫が夜走りしている間中ずっと、炉の石を三つとも丸ごと金盥《かなだらい》の中に入れて、ゴロゴロ転がし続けなければならないと言う。ただしこの場合にも、金盥が発するいかにも騒々しい物音は、夜のランナーがトタン葺き屋根に石を投げたり、オナラを連発したり、また腋窩に掌を当ててその音を模したりして発し続ける、様々な騒音のアナロジーであることは明白だろう。

絶え間なく放つ者

ティリキ人は、夫と妻が交代で夜走りをし、必ず一方が、伏せた鍋を小川の流れの上に被せて大きな気泡を作っては、ボコボコと音を立てて続けていると言う。その音が暫くでも途切れると、やはり伴侶の姿が闇の中に浮き出て来て、捕らえられることになる。

この場合には、明らかに夜のランナーの放屁癖が強調されていよう。こうして放屁が途切れない限りは捕まらないという観念は、放屁一般の反文化性と夜のランナーたちの反社会性との間に強固な観念連合が存在していることを、強く暗示する。

そこで、この観点をもう少し敷衍《ふえん》してみよう。前章（第三章「荒野に風立ちて」）では、キプシギスの唯一の「純愛物語」を紹介した。放屁を鍵概念とするこの話では、他の若者たちが、口臭が異常にきつい若者が飛びきり美しくて心根の良い娘と恋仲であることに嫉妬して、「百年の恋」を醒ましてやろうと奸計《かんけい》をめぐらす。鱈腹《たらふく》牛の血を飲んで腹ごしらえした代表の若者が、二人が添い寝している小屋の壁に穿《うが》った小さな穴から、満を持して飛びっきり臭い一発を二人の枕辺に激しく吹き込んだのである。ところが、夜のランナーたちは、かつて建物に窓がなかった時代には明かり取りの小さな孔、現在なら猫が通れるように小屋の外壁に穿たれた小さな孔に尻をピッタリと押し当てて、そこから屁を吹き入れるのだと、マラゴリ人など、多くの民族が信じている。

またニョレ人は、夜のランナーの妻は、夫の夜走りの間中、先に紹介した要領で炉の番をしているが、その間にサツマイモを炉の灰の中に投げ入れて焼くのだと言う。このアイディアは、夫を護る神秘的で非日常的な保護邪術を首尾よくやり遂げようと神経を集中している最中に、腹の心配をしてサツマイモを焼くという卑近で実用的な行為を滑り込ませる、いかにもオバサン風な世知が微笑ましい。ただし、ニョレ人の構想の狙いはそこにはない。この場合も、（日本の観念連合と同じく）サツマイモと放屁の間にある著しい連想関係を動員して、夜のランナーの反社会性をことさらに強調しているのである。

なお、先にカブラス人（ワトベ氏族）の例を挙げたが、炉の石に足を添える行為とその姿勢を（トルコン式の）自動車のクラッチを踏むことに譬えることが多い。これには、しっかり踏み込めば夜走りのスピードが上がるという、類感呪術としての感じ方と共に、アクセルをふかすと激しく噴出する排気ガスと放屁との間の連想関係が折り込まれているのは、言うまでもあるまい。

捕らえてみれば

夜のランナーを捕まえるには、頭から冷水を浴びてから戸口の傍らで待つと良い。そうすれば、姿は見えなくとも、ごく微かな風のそよぎでヒタヒタと彼がやって来る気配を察知できるからだ。ただし、たった一回でも室内に引っ込んでしまうと、この効果が失せてしまう。

あるいは、ドアの内側の掛け金を密かに外しておく手もある。そうしておけば、ドアを力一杯蹴ろうとしたやにわに空足を踏んだ夜のランナーが、その弾みを食らって室内に転がり込んで来るだろう。こちらの方が、捕獲は簡単だ。

ところで、捕らえてみると、夜のランナーは大概近所の人だったり、近親なのだと言う民族がほとんどである。実際、私がティリキで八カ月を過ごした時に、そのような噂を立てられている人たちが幾人もいた。しかも、その内には下級の行政首長や教会の説教師や信徒団代表（シマンズィ）が幾人も混じっていたのである。

昔は厄介者のナイトランナーを捕らえると、杖でいやというほど打ち据えた。それから、民族によっては、片端を鋭く尖らせた棒（後には長さ六インチの金釘）で両足の甲を打ち抜いたり、それを両足の土踏まずから足首へ向けて打ち込んだりして罰した。また、石や礫を投げつけて死に至らしめることもあったと言う。

マラマでは、先を尖らせた棒を右耳から差し込んで左耳から突き出るように、頭を貫通させて死刑にしたものだと言う。先が鋭く尖った杭を地面に突き立てて置いて、そこへ担ぎ上げた夜のランナーを肛門から突き刺して殺したという伝承も、各地で数多く知られている。この場合は、同性愛との連想関係が背後にある

虫の息の夜のランナーの身体の上に、できるだけ大きな石を幾つも載せて、その夜は放置しておいた。ところが、翌朝になると夜のランナーの身体は影も形も無く消え失せていて、巨石だけが残っていたものだ、と人々は語り伝えている。夜のランナーの遺体は、彼の家の敷地内ではなく、追放者として川べりに埋められた。（なお、雷に打たれたり、あるいは溺れたり、尋常でない死に方をした者も同様の扱いを受けた。）普通の葬式も行われることはなかった。

屁と血

ティリキやマラゴリでは、夜のランナーの超人的な怪力をロバとの連想で捉えていた。身体は小さくても、膨大な荷を負って屈しないロバ。しかし、その間、しきりに盛大な放屁をするロバ。身体の上に乗せられた巨大な重石を押しのける強い力をもち、屁を連発して止まない夜のランナーとロバの間には、

確かに連想関係があっても少しも不思議はない。

マラチ人は、夜のランナーは、(そう考えるのはルイア人やルオ人にも多いのだが) 夫が遠方に出稼ぎに出ていて、孤閨を守っている女性の小屋を専ら訪れると考えている。

夜のランナーを捕まえると、初犯なら許し、再犯者は杖で打ち、重犯者は死刑などの厳しい制裁を加えたという。ただ、国家法の支配が強まった今では、許して内緒にしておいてやることがむしろ普通だ。すると彼は喜んで、牛を一頭お礼にくれる。そして、秘密が守られるとその後両者は良い友人同士になる。だが、もし秘密が暴かれると、夜のランナーは呪医に依頼して相手を苦しめ、殺させることもあるのだと言われる。

夜のランナーの「血」は、他の妖術・邪術の場合と同様、どこでも通常母方から伝わると観念されている。今日では恋愛結婚が増えたので、その血が拡散して、夜のランナーの数も増えた。妻が夜のランナーであれば、夫が同意して夜のランナーになり、妻方から使い魔を貰うまでは二人の間に子供ができない。結婚後何時までも子供が出来なくて呪医を訪ねた結果、伴侶の素性が知れる例が多いと、老人たちは言う。

想像力への想像力

文化人類学徒ならば、以上のような「信仰」を様々に解釈して、社会と文化の脈絡に深く浸しつつ読み解くことができるだろう。

ただし、それは本書の主題でも、また直接主張しようとするところでもない。本章では、夜のランナーの信仰を、随分長々と書いてしまった。けれども、ここでは要するに、次のことを確認しておけば、取りあえずは十分だろう。

深夜、ほの暗い道を辿って帰館する、都会のたくさんのサラリーマンたち。彼らが仄かに感じる夜の闇への恐怖と、森羅万象を塗り込めるアフリカの漆黒の闇の恐怖。想像を逞しくして、それらを重ね合わせてみよう。それから、彼らが唐突に闇から飛び出して来たジョガーと出会って、不意を食らった時の驚愕を心に思い描いてみよう。そうすれば、我々が夜のランナー信仰という、一見いかにも奇妙奇天烈な信仰の背後で働いている、アフリカの人々の豊かな想像力を理解する道が開けてくる。

一昔前の、夜のランナーの民俗の紹介をひとまず締めくくるに当たって、ティリキ人の伝承を二つ紹介しよう。それが、読者が具体的な事例から夜のランナーの纏まりをもったイメージを思い描く一助となれば、大変嬉しい。

鉦《かね》叩きもん

ティリキ人の土地であるカイモシに最初にやって来たミッションは、フレンズ教会だった。彼らの祈りは、当初ヨーロッパのキリスト教とまったく同様に静謐《せいひつ》を旨としていた。だから、現在の様々な宗派のように、賛美歌に合わせてラッパを吹いたり、太鼓や鉦《かね》（正確には、ドーナツ状の鉄製の厚板）を盛んに打ち鳴らすことはなかった。

当初ティリキ人は、マラゴリ人をはじめとする他のルイア人諸民族とは異なり、容易に改宗しなかったことが知られている。だが、一九三〇年代には、女性が大挙して改宗し、その後も信徒が増え続けた。そこで、各地に小さな教会が立てられると、鉄道のレールの短い切れ端を構内の木の大枝から吊り下げ、それを小さな鉄片で打って澄んだ音を立てて、礼拝や日曜学校など、各種の集会の合図に使うようになった。

今ベンデラの小学校が立っている辺りにも、フレンズ・ミッションの援助で教会が建てられた。近くの或る村の夜のランナーが、澄んでよく通る鉦の音にすっかり魅せられ、痛く興味を引かれた。やがて彼は、深夜の二時か三時頃に教会にやって来て、自前の鉄片で夜通しレールを叩いて楽しむようになった。彼は、一度レールを打つと、その残響と山彦がすっかり消え去るまで耳を澄ます。それから、また次の一撃を加えるのだった。(彼を「鉦叩きもん」と呼んでおこう。)

それ以来、深更《しんこう》になると安眠を破られる住民たちは、たまり兼ねて、夜のランナーを捕らえようとした。すると彼は、教会の建物の中に逃げ込んで、姿を消してしまった。(当時のガラス戸も木蓋もない)窓(孔)から外へ逃れ出たのだろう。だが、これで恐れをなして悪行を止めるだろうと人々は言い合った。ところが夜のランナーは、天井のない剝《む》き出しの屋根裏の梁《はり》に登って、闇に姿を紛らわせ、彼らの言葉を残らず聞いていたのだ。そして、翌日からもレール片を打つ音が止むことはなかった。

業を煮やした人々は、或る夜の十一時頃に密かに教会の周囲を包囲して、夜のランナーを待ち伏せた。確かに誰もやって来なかったはずだが、「定刻」にやはりレールの打撃音が響き始めた。そして、この時も、彼は追いつめられると教会の建物に逃げ込んで姿を消した。当時懐中電灯はなく、人々はわざわざ携えてきたアセチレン・ランプを灯して建物の内部を照らしたが、どこにも人影はなかった。そこで、明晩はもう少し早めに待ち伏せを始めようと、相談が纏まった。この時もそれをちゃんと聞いていた夜のランナーは、暫く鳴りを潜めた後、四日後からまたレール片を叩き始めたのである。

ついに困り果てた住民は、ずっと後になって、大きな集会を開いて対策を練った。例の夜のランナーも会衆の中に紛れていて、不都合を嘆いたみせた。翌晩の七時から待ち伏せすることになったが、その晩もまたレール片を打つ音が聞こえ始めた。夜のランナーは、先回りして教会の建物に忍び込み、屋根裏の梁の間に身を隠していたのだ。人々は外から建物に向かって走りながら、奴は人間じゃない、霊だと口々に言い合った。

人々は、今後は、建物の中に泊り込んで夜のランナーを待つことにした。この時も、彼は泊り込んだ人々の中に混っていた。こうして、平和な数日が続いて人々が引き上げると、またすぐにレール片が打ち鳴らされ始めた。

最後の策が練られた。人々は、最初のやり方で夜のランナーを建物の中に追い詰めると、建物の内部一杯に広がってそれぞれが手にした（ヴィムリと呼ばれる）手燭をかざし、さらに幾つかの（ヴィヤイと呼ばれる）粗末な集光器の光に梁の隙間を丹念に嘗めさせた。彼らは、やっと人影らしきものを見咎めると、下から煙で燻して飛び下りさせ、ついに犯人アムニュンズを掌中に収めたのだ。

アムニュンズは杖で数知れぬほど叩かれたが、夜のランナーについてそう言い伝えられて来た通り、決して呻き声も泣き声も立てなかった。虫の息の彼の身体の上に、数人がかりで運んできたとても重い大石が置かれた。それでもまだ満足しない群衆は、その上にさらに幾つもの大きな石を積み重ねて、漸く家路についたのである。

だが、翌朝、アムニュンズの姿はなく、大石の山だけが残されていた。人々は、アムニュンズの家に駆けつけた。彼は、身ぎれいな姿で、すまして居間に腰掛けていた。人々は尋ねた。「あんたは、昨晩殴り殺されたんじゃないのかい?」。彼が答える。「アイッ!あんたらは昨夜、夜のランナーを殺したと言うが、おれが死んでいるように見えるかね?」。群衆は、服を剥ぎ取れと一斉に声を挙げて、アムニュンズを家から外へ引き出し、丸裸にした。彼の身体は、案の定、全身ひどい傷だらけだった。それでも、アムニュンズは自白しない。

こうして、アムニュンズはヘッドマン(下級の行政首長)のバラザ裁判に引き出された。ヘッドマンは、自白しないなら杖で死ぬまで打つが、いいかと脅した。だが、彼は怯まず、最後まで無実を主張し通した。その二カ月後、根負けしたヘッドマンは、再犯したら火炙《ひあぶ》りにすると宣告して、彼を放免し、裁判をお開きにした。

この話は、一九五〇年代の実話として伝承されている。

不死身の男

次に、ティリキ人の夜のランナーの事例をもう一つ紹介しよう。これは、やはりアムニュンズのような「鉦叩きもん」でも、名うての「屁ったれもん」でもあり、且つ、夜な夜な長い棒を小屋の中に突っ込んでつついて、彼自身の村の人々や彼らの牛を苛立たせては喜んでいた男の物語である。

事件が起きたのは、一九七〇年代の（ハミシ郡ギサムバイ亜郡の）ギプトロル村。夜のランナーは三十代の男性だと目されていた。彼は、他の夜のランナーたちと同様に人家の戸口で大きな屁をするのだが、何発も、しかも速射砲のように放っても決して種が尽きなかったという。

それだけでなく、彼には、さらに質の悪い、特有の悪癖があった。ケニア独立（一九六三年一二月）からそれほど間がない一九七〇年代頃までは、窓がない、古い家がまだ多かった。全体に小さくて軒も低く、明かりは（開いた小さなドアの他は）外壁の上部に開けた小さな孔（ムワンツ）から取るだけで、室内はとても暗かった。明かり取りの孔は、夜は、屋内から枯れたバナナの葉を詰めて塞いでおく。この夜のランナーは、（ルダンガという）細く長い、先の尖った棒でまずそのバナナの葉の栓を室内に落とし込んで、開いた孔からその棒を突っ込むと、やおら中で寝ている人々をつつき始める。しかも、その内に棒を引っ込めたかと思うと、石ころや土塊、木の枝、さらには人糞を投げ入れるのだった。村人たちは、狭い小屋の中でも、明かり取り孔の壁近くに寝ることを嫌がるまでになった。

その頃までは、古い家の後ろ半分は、牛泥棒を恐れて牛を夜間収容する部屋になっていた。この部分の外壁の下部には、夜間牛の尿が外へ流れ出るように孔（シニャリル）が穿たれていた。件の夜のランナーは、この孔からもルダンガ棒を突っ込んで、牛をつついたのだ。寝ていた牛たちは苛立って立ち上がると、モウモウと大きな声で鳴き続けた。すると彼は満足して、次の家へと足を運んで行った。

居たたまれなくなった村人が集会を開いて捕獲計画を纏めると、彼はその期間だけ別の村で悪行を続けて、また舞い戻ってきた。そんなことが何回か続いた後、村の中に犯人がいると睨んだ老人たちは、容疑者を除いて、信用できる者だけを集めて捕獲計画を練った。そして、夜警団を作って、密かに不寝番が手分けして見張りを始めた。ある夜、ルダンガ棒を手にした裸の男が一人現れた。そして、暫く走ると急に立ち止まって傍らの藪から何本かの枝を折り取り、また走り出すとどこかの藪に向かってその枝を投げ入れた。それから、一頻り大声で笑ったかと思うと、目に見えない何かと競い合うような仕種でまた走り出した。

不寝番の一隊が静かに後をつけて行くと、男はその夜不寝番に加わっていた夜警団のメンバーの一人の家に忍び入って、明かり取りの孔から棒を差し込むと、お定まりの所業を始め、やがて小屋の裏手に移って牛をからかい始めた。その間に、つけてきた人々は他の夜警団のメンバーを呼び集めて、辺りをすっかり包囲してしまった。夜のランナーは、牛が苛立たしい泣き声を挙げると、喜んでいきなり後ろへ飛びしざり、それからあちこち飛び跳ね、そこここを踊りまわると、また牛たちの近くへ戻って来た。

彼がまた牛をつつこうと低く腰を屈めた瞬間に、「捕らえろ！」の声が掛かり、待機していた人たちが一斉に襲いかかった。夜のランナーは、大胆にも包囲網の一角にやにわに突き進むと数人を突き倒して逃げたが、結局、叫び声で駆けつけてきた村人たちにギプトロル川の辺りで取り押さえられた。そして、「奴を殺せ、殺せ」の声が村中に轟き渡ったのである。

老人たちは、夜のランナーに血を流させた者は、今度は自ら夜のランナーになるぞと、血気にはやる者たちに警告した。こうして、「流血しない杖打ち」が、ほぼ死が確認されるまで続けられた後、彼の背中にはギプトロル川から運んできた大石が置かれた。それでも、「夜のランナーは死なない」という言い伝えを持ち出して、失神しているだけだと主張する者たちが、さらに別の大石をもってきて彼の四肢や腰の上に乗せた。この措置は、流血させないで、翌朝まで確実に死なせる目的で行われたのだ。

だが、翌朝、その場所で人々が見たのは、そこここに散乱している大石だけで、夜のランナーの姿はどこにもなかった。彼（N.S.）は、西ケニア最大の都市であるキスムに程近いミワニへと出奔し、サトウキビ農園に労務者の職を得たのだった。やがて彼は、十年後（一九八〇年代）にギプトロル村に帰って来て、ペンテコスタル・アセンブリー・オブ・ゴッド教会（PAG）の信徒代表（シマンズィ）になったのである。

さて、これら二つの伝承をどう読むかは、必ずしも単純な課題ではない。ただ、本書では、ティリキの人々の旺盛な想像力を確認すると共に、二番目の事例で、（私がティリキに滞在していた当時の）PAGの地区信徒代表N.S.が夜のランナーだとされている点を確認しておこう。実は、先にも述べたが、私の隣人や知人たちにも夜のランナーだとされている人たちが幾人もいて、その中には、下級の行政首長や教会の信徒代表が混っていた。

陽気な「夜走り」愛好家たち

無論、夜のランナーの信仰も、少なくとも都市部では今や大きく変化している。たとえば、アフリカ

奇妙なストリーク――あの夜のランニングの虫がワシを空中でトンボガエリさせて、オナラを高々とぶっ放させるのさ。シャカリキで追って来るデカどもを超音速で置き去りにする前にね（『Drum〔East〕』1987年3月号）。

の大衆誌『ドラム』（一旦休刊されたが、二〇〇四年に再刊）のケニア版の人気コラムを担当する、一人の陽気な都市っ子のルオ人、マリモトが、以前に「あたしゃ夜走りに嵌まってる」と題して、次のような骨子の記事を書いている。

　中年になると夜走りという気晴らしの誘惑には、いよいよ抗し難くなる。これは、習慣というよりも家系に伝わる生来の病気というもので、自分の場合は、曾祖父の血の因縁だ。曾祖父が生きていれば、「世界中のキプチョゲ・ケイノたち」が束になっても勝てはすまい。この十年来、「真夜中に起き出しては着物を脱ぎ捨て、まず交番まで駆けて行く。おまわりが怒れば、トンボ返りして、オナラを轟々と吹き鳴らしてやるんだ。超音速でぶっ飛ばせば、追手なんざすぐに置き去りさ」。米国の平和部隊には、ルオ人の恋人の手引きで夜のランナーになった青年がいる。この青年は、サンディエゴに帰った後の今も、毎晩走りまわっているのだ。米国ではすぐに銃をぶっ放されて物騒だけれども、この病ばかりは死ぬまで治らない。オフィスにふんぞり返っている怠惰なお偉方こそ、ぜひとも夜走りを趣味になさるがよかろう。「実は、さる田舎に、もう夜走り専門学校を作ってあるって次第。韋駄天で、近所の家々のドアを蹴飛ばしつつ、オナラをかまして回れる紳士淑女なら、誰でも歓迎。どうです、一つやってみませんかな」（『Drum〔East〕』一九八七年三月号）。

コラム子マリアムさんは、のっけから警察をからかい、英雄キプチョゲ・ケイノの名前を引いて長距離王国ケニアをちょいとひけらかし、アメリカなど先進国の沸騰するジョギング熱に引っかけながら、「夜のランナー信仰」の旧弊を隠すことなく、磊落闊達に笑い飛ばしてみせるのである。

このユーモア記事には、絵葉書大の漫画の挿絵がついている。それは、田舎の警察署を背景として、追ってくる警官の一隊を尻目にかけて、素っ裸の中年男性の夜のランナーが、いかにも楽し気な表情で疾駆する図になっている。ついでに、そのキャプションを紹介しておこう。「奇妙なストリーク――あの夜のランニングの虫がワシを空中でトンボガエリさせて、オナラを高々とぶっ放させるのさ。シャカリキで追って来るデカどもを超音速で置き去りにする前にね」。

なお、ルオ人であるコラム子は、曾祖父がナイトランナーであったと誇り、その駿足ぶりにはキプチョゲ・ケイノでも叶うまい、と軽口を叩いてみせた。でも、それはやはり、ちょっとばかり口が滑ったと言うべきだろう。ルオ人やルイア人は、サッカーと歌謡の才能の豊かさで聞こえた民族である。またルオ人の間からは、もっとも数多く学者が輩出している。ちなみに、ヒラリー・クリントンと米民主党大統領候補を争うと目されているバラック・オバマ上院議員の父親は、米国へ留学したルオ人だった。だが、長距離ランナーとして世界にその名を知られ、その能力を神秘がられているのは、何と言ってもケイヨ人などのカレンジン諸民族である。中でもケイノらを生んだナンディ人の力量はかつて頭抜けていた。彼らも、無論、夜のランナーの存在を堅く信じているのである。

ケニアは走る

カレンジン諸民族は、リフトバレー州の大断層崖の切り立った斜面に取りつくようにして暮している牧畜民たちだ。アフリカ大陸の東側を南北に縦走して、大陸を東西に深く、大きく引き裂いている大リフトバレー渓谷。ヴィクトリア湖、タンガニーカ湖、マラウィ湖など世界有数の大きくて深い湖が、大リフトバレー渓谷の底に沿って列をなしており、渓谷の北端はアフリカをアジアから隔てる紅海を形造っている。ケニアでは標高差数百メートルに及ぶ大リフトバレー渓谷の断層崖の上は、標高二千メートル前後の高さになる。

カレンジン諸民族中最大の人口を誇るキプシギス人は、植民地化以前、サバンナの平原を走り、深いブッシュを踏み分けて、日に百キロメートル以上も行軍する、強力な軍団組織を誇って、勇猛さをもって鳴るマサイ人とわたり合っていた。それでも、キプシギスの人々は、ナンディ人の行軍力は彼らを遙かに凌いだと証言する。今もカレンジの子供たちは、幼い頃から山羊・羊の世話を任され、その群れを追って険しく切り立った断層崖を駆け登り、駆け降りては日々を過ごす。それは、自ずからなる高地トレーニングであるばかりでなく、たくまざるインターバル・トレーニングにもなっているのである。

ところで、一九八〇年代後半から陸上競技男子三千メートル障害競走で世界に君臨し続けてきたモーゼス・キプタヌイは、カレンジンの出身で、後にデンマークに帰化した人物である。実際、キプタヌイは、子供の頃から山羊や羊の世話をしながら何時も垣根を飛び越えていた。彼は、それが今日の自分の栄光を築く素地になった、と（おそらく、かなり戯画化して）語っている。ちなみに、三千メートル障害競走のハードルは九一・四センチメートルの高さだが、この高さ自体、英国の標準的な羊囲いの垣根の高さに由来しているのである。ここで併せて、私のキプシギスでの「ハードリング」の果てしない苦労（第一章「放屁という覚醒」）を思い出して頂ければ嬉しい。

しかも、ケニアの田舎では、学校へ通うことも、半ばは走ることと同義である。ケニアでは、学校の絶対数が足りない。そのうえ、各戸が農牧を生業とするリフトバレー州では、人口が希薄で、校区は広大な高原地帯に広がっている。その上、多くの公立の小中学校には給食設備がない。だから、登下校時ばかりでなく、昼食を取るために家と学校とをもう一度往復する時にも、数キロメートルを駆け通す学童たちが少なくない。ケニアの田舎道では何処でも、朝、昼、午後、三々五々、まるで長距離走の競技のように駆けている児童たち、いわば「制服のジョガー」たちの群れをそこここに見ることができる。

英雄、キプチョゲ

その思わぬ副産物でもあろうか、ケニア陸上界は、男子中長距離では世界に大きく君臨している。中でも三千メートル障害競走はお家芸で、一九六八年のメキシコ大会以来、オリンピックの金銀メダルをほぼ独占して来た。

キプチョゲ・ケイノは、メキシコ大会の中距離走で金銀各一個のメダルを獲得して、ケニア陸上界の今日の栄光の端緒を作った伝説的な「現代の英雄」だ。彼の大活躍は、ケニアだけでなくアフリカ全体に未曾有の誇りと希望をもたらし、やがてアフリカの様々な国の人々が大挙して中長距離競技に乗り出して行くきっかけともなった。だから、ケイノは、南アフリカの解放と民族融和を平和裡になし遂げたネルソン・マンデラと並ぶ、アフリカの英雄とさえ言われている。

彼や、同じナンディ人で一時期中長距離競走（キロメートル制とマイル制）の世界記録を総なめにしたロノは、今や故郷リフトバレー州の大きな町、エルドレットやカプサベットでスポーツ店やホテルを経営する資産家であり、人々の夢でもある。わけても、キプチョゲ・ケイノは数十人の孤児たちを養い、今でも人々の尊敬を一身に集めている。

後発国の常として、若い「国民国家」ケニアでも、出世の最良の、そしてほとんど唯一の道は、少しでも高度な教育を身に付けることだ。人々の能力を「客観的に」測り得る公平で合理的な唯一の尺度として、教育が広く受入れられているからである。教育熱は、その熱さにおいて、今や日本をも凌ぐと言ってよかろう。だが、ケニアも植民地化以後ほぼ百年を経過し、わずかだが大規模農家層や自営業が形成され、人々の間には既に明らかな階層差が存在している。どうあがいてみても、学費の工面すらままならない貧しい庶民に勝ち目はない。

八年制の小学校は、三年次に多くの脱落者を出す。この学年から、英語による教育が中心になるからだ。運良く四年制の中学校に進学できた者たちも、学費の調達に苦しんで、しばしば休学や退学の憂き目をみている。ケニアでも、学歴は今や才能の多寡によって決まるものではなく、むしろ金で購われるものに既になっているのだ。若者たちにわずかに残された夢は、第二、第三のケイノやロノになることである。陸上熱は、近年、カレンジンの土地を超えて、瞬く間にケニア全土に広がって行った。

邪術者の権力

この章は、前の章とは様変わって、冒頭に記したような「純粋虚学」たらんとする志をどうにか誠実に堅持できたように思う。いやいや、その思いは余って、放屁というテーマまで置き去りにしかねない熱心さで、ケニアの人々の夜走りという奇習(の観念)を追うことにもなってしまった。これはこれで、ちょっとした誤算だったかもしれない。ただし、そうではあっても、本書第一章「放屁という覚醒」で考察した「放屁ゼロ」大陸の裏面に、その強烈な逆立像としての「夜のランナー」の観念複合があることを明らかにしておくのは、十分に意味のあることだと信じる。

実はここで、キプシギスの「屋根登り者」と呼ばれた放埒な屁ったれ男がヘッドマン(下級の行政首長)になった事実(第三章「荒野に風立ちて」)を思い出して欲しいのである。つまり、彼と夜のランナーたちの間には属性の強い類似性があるという重要な指摘をすることができる。無論、本書の(人類学の専門書ではないという)性格上、この点に深く立ち入ることは避けなければならないのだが。

ただ、ティリキの第二番目の事例で、夜のランナーが、一種の権力者であるＰＡＧの地区信徒代表にやがてなったことに注意を向けて欲しい。両者を比較する時に示唆されるのは、「邪術者」と総称できるような嫌われ、恐れられる者もまた、確かに伝統的な権力の一部を構成していたということである。彼らの権力も、首長、戦いの長や儀礼の長、予言者など、他の伝統的な指導者たち（権力者）と同様に、ケニアの植民地化（から独立後）という文脈で、柔軟にその社会的な意味を読み替えられつつ、現実の社会に統合されて行ったと考えなければならないのだ。

ちなみに、こうした放屁の「政治学」を考えるヒントをもう一つだけ、簡潔に付け加えておこう。日本でも、多くの家庭ではおおっぴらに放屁するのは父親（だけ）であり、おそらく彼は家庭の権力者であるだろう。では、彼が良きパパと見られるか、「邪術者」と見られるか、それを区分する一線とは何であろうか。世の父親たる方々、とくとお考えあれ。

薫風と響声

さて、そのような東部アフリカで、今、誰かが万一端なくも放屁してしまったら、その人物の運命は一体どんなものになるのだろうか。無論、どの民族社会でも、リアクションは日本などとは比較にならないほど大きい。しかも、日本とは逆に、女性ではなく、男性の運命の方がずっと苛酷なものになる点に、大きな特徴が見られる。

まず、「薫風」と「響声」とでは、どちらがまだしもましなのか。概して、透かしっ屁の方がオナラよりも嫌われるのだが、逆の場合も少なくない。グシイでは、透かしっ屁は夜のランナーの観念と直結している。その匂いが人々の鼻に届くと、「一体どんな夜のランナーがこいたのか?」と叱声が飛び交う。ケニアから遙かに南に位置するレソトのソト人は、グシイ人やティリキ人と同じバントゥ語系の民族だが、オナラを人前でしても特に恥じることはないという。しかし、透かしっ屁だけはいけないと考え、（それを指す単語自体がグシイ語やティキ語に近似する）邪術者は透かしっ屁をするという。また、キプシギスでは、透かしっ屁をした者は、その場で殴り倒されても文句を言えないとされている。キクユ人は、透かしっ屁をしたら、たとえ痛いけな子供でも打って懲らしめられるそうだ。これらの民族では、透かしっ屁が居合わせた人々の間に猜疑をもたらすことと、その悪臭を憎んでいるのだ。

無論個人差はあるが、概して透かしっ屁の方がましと考えるのは、ケニア山麓に住む互いに近縁のエンブ人とメル人、またカレンジン人の一派マラクウェット人やトゥゲン人（以上、ケニア）、それにズィグウォ人、ウンスズィ人、ンデンゲレコ人、ンゴニ人（以上、タンザニア）、ガンダ人（ウガンダ）たちである。

ガンダ語では、放屁一般を指す語（オムカ）の他にオナラを指す語（アフイェ）はあるが、透かしっ屁を特定する語がない。これは、彼らの価値観とよく対応している。つまり、オナラがむしろ特異な事態（言語学でいう有徴項）なのである。さらに、メル人の間では、女性はトイレへ行って透かしっ屁をするのが規範となっている。これらの人々は、逆に、透かしっ屁の匿名性にオナラに優る「利点」を見出しているのである。

なお、グシイ人の場合、放屁は男女共にトイレへ行ってし、パレ人（タンザニア）の場合は男女共に戸外へ行ってしなければならない。だが、どちらでも、その場合にするのが透かしっ屁でなければならないという規範は、特にないらしい。また、ティリキ、サミア、ニョレなどの民族では、しきりに放風する者は（半ば戯れに）「夜のランナー」と呼ばれて咎められるけれども、この場合には薫風と響声を特に区別しないようだ。

ジェンダーと運命

ティリキ人の男性は、異性の前で放屁するのを酷い恥だと考えていて、女性が放屁したのを見たことはないと誰もが言う。そして、（病人のものは別にして）他人の屁を嗅いだ者は、盛んに唾を吐き捨てる。グシイ人には、嘔吐する人たちさえいると聞く。パレ人（タンザニア）やアリ人（エチオピア）の男性たちも、放屁した女性をまったく知らないという。タブーが厳格に守られているのだ。

では、人前（ことに男性の前）で放屁した女性の運命はどうなるのか。結婚できないと答えた人がいたのは、ニョレ、マラクウェット、サミアの三民族だけだった。キプシギス人は、ひどい恥になるから、他の村へ移住するだろうと答え、グシイ人は、恋人同士でも別れる正当な理由になると見ている。

逆に、ルオ人は、結婚に差し支えることはないと断言した。女性は何処へでもつまり見知らぬ土地へ嫁いで行くのだから、たとえ稼ぐ前にその手の無体を働いても構わないと言うのだ。多くのマサイ人男性は、恥は恥だが、ものの三分で忘れられると言った。

一方、適齢期の娘たちの前で放風した男性たちの運命は、もっともっと苛酷のようだ。娘たちには寛容なルオ人も、そればかりは放屁に関するもっとも重大な（つまり老人の前でする以上の）過失と見なしていて、かつては浄化儀礼を行わなければならなかった。今でも、自分が放屁した現場に居合わせた娘とは結婚してはならないと言う。ニョレ人の間でも結婚は難しいとされ、以前は、放屁した男性は、関係者に山羊やビールを償いに支払ったそうだ。マサイ人も、娘たちの面前と言わず、仮にも誰であれ人前で放屁した若者に嫁ぐ娘はいないと述べる。サミア人は、少なくとも近隣からは結婚相手が現れないと言う。

キプシギス人の場合、放屁をした男性は、余所へ引っ越したくても土地に縛られて容易に動けないだけに、女性以上に辛いと考えている。おそらく、この見解が、同じ粗相をした男女の運命がどこでも大きく別れがちな理由を、かなり良く明かしているであろう。

かくも短き不在

さて、このキプシギスの説明で、恥の大きさを計る基準には、村から引っ越すかどうかという尺度が用いられている点に注目しよう。キプシギスの場合、引っ越しを必要とする犯罪は、ずっと、主に内殺人（つまり自民族のメンバーの殺害）と（他民族からではなく、他のキプシギス人からの）牛盗みだった。すると、大げさに言えば、他人（ことに異性）の前で放屁するのは、それらに匹敵する重大な規範の侵犯であり、不名誉であるとされていることになる。

ギシュ人（ウガンダ）の間では、他人の面前での放屁は、たった一回きりでも引っ越すべき大きな恥だと言われる。一方、何回か繰り返したら引っ越すべきだと、マラクウェット人は考えている。実際にキサ人の間では、夜のランナーと見なされて村を追い出されるらしい。

一方ケニアのルオ人やカンバ人、タンザニアのズィグウォ人は、今でも確かに恥は恥だが、もう余所へ引っ越すほどのことではないと語った。しかし無論、汚名は厳然として残る。エチオピアのアリ人は、もしも女性の前で放屁したら、その事実を人々が忘れるのにきわめて長い時間がかかるだろうと、繰り返し強調した。

こうした放屁に関する羞恥の感覚も、思い切って一般化して言えば、近代化によって多くの人々が故郷の共同体を離れたり、一旦離れた経験をもっていて、こうしてそこから距離を置くことができる度合いに比例して、弱まりつつあると考えていいかも知れない。

この点で興味深いのは、いずれもケニアを代表する大きな民族であり、早くから首都ナイロビなどの都市に多くの移住者を出してきたルオ人とカンバ人が、期せずして、移住の必要度についてはほぼ同じ見解を示していることだ。ルオでは、他人の面前で放屁した者は、昔なら男であれ女であれ、人々が杖か棒で打って懲らしめたそうだ。しかし、今では、放屁した男は、どこかへ一日ほど姿を隠してから村へ戻ってくればそれでいいのだと、笑って語る。奇しくも、カンバでも屁っぴり男が村から姿を眩ますのは、大概一日きりであり、それで十分だと言う説明を幾人ものカンバ人がしてくれた。

さて、もう一度私自身の近況に立ち返って、本書最後のこの章を締め括らなければなるまい。私の「後ろ向き歩き」の趣味は、マリモトさんの「夜走り」並みに、今やますます高じつつある。それで、連日の速歩、ことに「後ろ向き歩き」による急坂登りで、足腰が十分に鍛えられていると自信をもっていたのだ。だが、思いがけず弱点に気づかされた。先日、ほぼ三十年振りにテニスをしてみると、直線的な動きはともかく、斜め方向など、複雑な動きに脚がついていかなかったのである。

そこで、「後ろ向き歩き」による坂道の昇り降りに、今では回転を取り入れている。それで、まるで踊るような運動になる。気分もますます爽快だ。すると、狭い尾根筋の道の両側下方に広がっている夜景の見晴らしがいよいよ素晴らしく、また人通りの少ない所では、つい心のどかに放風することも……アッ、これではまるで夜のランナ……！

ウォーキングは楽しく、いろいろ工夫の余地もある。でも、一人で「後ろ向き歩き」をなさるのは、日本では、いや日本でも、まだまだなかなかに危険ですぞ。くれぐれも、ご用心あられたし。

あとがき

本書は、一昨年ちょっと纏まって暇を得た三週間ほどで、一気に書き上げた。それでも、実はもっと素速く、しかもずっと楽々と書けるだろうと予想していた。長年心に温めて発酵させてきたものが堰を切って迸り出て、一陣の風となって吹きわたる。そして、心が随分と軽く爽やかになるはずであった。ところが、いざ書き出してみると、気随な筆はすぐに私を置き去りにしてあらぬ方向へと走り出すのだった。かと思えば、心ならずも筆の運びが悪くて、重く澱みがちな箇所もままある。誠に、「風」は御しがたい。

本書は、東アフリカ各地での私自身の長年のフィールドワークの経験を核に書かれている。ただ、書き始めた当初は、本書を構成する部分を第一部として纏め、西アフリカの或る民族の伝承を橋渡しとして、さらにアラブへ、ギリシアへと筆を進めて第二部とする構想を漠と思い描いていた。今回筆が及ばなかった幻の第二部は、近々、続編として別の一書に編みたいと思う。

実は、本書の元になったのは、十数年前に書いたエッセイ（試論）、ないしは気軽に綴った小論文という体の拙い小文である。長く共同研究員を務めていた或る国立大学の付置研究所から、ニューズレターへの執筆を突然依頼された。依頼主は、当時編集責任者だったスワヒリ語の権威。なんとかして、そのニューズレターを読者に愛される雑誌にしたい、もっと有体にいえば「ちゃんと読んで貰える」雑誌にしたい。ついては是非とも力を貸してくれないか。筆者のスワヒリ語の恩師でもあるその方にそう言われれば、一も二もなく、引き受けるしかなかった。だが、締切りまでは、なんと旬日もなかったように思う。

もとより、雑文を書くことは少しも厭ではなかった。むしろ密かな楽しみにしていた。筆も遅い方ではなく、どこかの雑誌や論文集に穴が開きそうになると、突然ピンチヒッターを頼まれることも珍しくなかった。断ったことは、確か一度もないと思う。どんな難題を出されても、考え抜いて自分なりの答を得るのは実に面白いからだ。（それで私には、専門の人類学以外の分野の論文も結構たくさんある。）

さて、そのニューズレターの原稿依頼があったのは、第一章（「放屁という覚醒」）でもふれたような大いなる「覚醒」の暫く後で、フィールドワークの楽しさにすっかり心を奪われていた頃だった。そこで、柱となるその失敗談に放屁に因むかれこれのたわいもない夢想も付け加えて、大急ぎで小文を上梓したのだった。随分不徹底な内容だったと思うが、軽快に筆を進めたことを覚えている。

それでも、少しは役に立ったらしい。暫くして、文化人類学者の先学、小西正捷さんが放屁論の小著を刊行するように勧めて下さり、早速或るメセナ系出版社の編集者が三人で大学を訪ねて来られた。率直に光栄だと思い、嬉しかった。勿体ないほどの幸運でもあっただろう。

ただ、タイミングがうまく合わなかった。当時私は、前任の国立大学から今勤めている私立大学へ移ったばかりで、いきなり二倍にも三倍にも膨れ上がった学務に驚き呆れ、ほとんど圧し潰されそうになっていた。しかも、(やがて私にとっては記念碑的な作品となる)或る地方誌の膨大な原稿と日夜格闘している最中だったのである。

それからも、幾つかの出版社から、同様の話が持ち込まれた。だが、折悪しく、季節は既に大学冬の時代へ向かっていて、学務負担は年々歳々ますます募るばかり。執筆のための纏まった時間は、依然として取れそうになかった。何しろ、人類学徒にとっては、他の分野の研究者なら執筆に充てられるだろう夏休みなどの長期休暇が、海外でのフィールドワークのための唯一の期間なのである。しかも、私は徹底したフィールド派なのだ。一日でも長くフィールドにいたい。それでも、放屁論ノートだけは確実に厚みを増して行き、ついに十五冊に達した。いわば、「腸内ガス」の内圧は日々確実に高まり続けていたのである。

この度、曲形にも本書を上梓することができたのは、一昨年度、十年振りに研修期間を得たからである。それに、放屁論ノートとして溜めに溜めてきたものが発酵に発酵を重ねて、爆発寸前の状態になっていた。これ以上放っておけば、きっと収拾がつかなくなるに違いなかった。それで一昨秋アフリカに発つ前に、急遽執筆を思い立ったのだった。

出版は、ずっと付き合いのある、横浜の世織書房にお願いすることになった。世織書房は、私の処女作『ユーミンとマクベス――日照り雨＝狐の嫁入りの文化人類学』を出して頂いた出版元である。同社の伊藤晶宣さんは、もう二五年以上、私が本格的な人類学のモノグラフを書くものと堅く信じて疑わず、根気良く待ち続けて下さっている。何とも勿体ない。それなのに、私が同社から最初に出したのが、世に例のない狐の嫁入りの文化人類学だったわけだから、きっと今でも狐に摘まれたような思いをなさっているに違いない。

そうである以上、本書がなんとかして最後っ屁にならないように、固く心に期さなければなるまい。本書が私の一つの放屁であるならば、それが書き手としての私にもう一つの覚醒をもたらして、新たな力を恵んでくれることを密かに夢に見ながら。

二〇〇七年二月

O・呂陵

《著者紹介》

著者O・呂陵（おー・りょりょう）は一九四八年、富山県生まれ。専門は、文化人類学、社会人類学、アフリカ地域研究ならびに日本研究。一九七九年以来足掛け二九年にわたり、カレンジン語系のキプシギス人を中心に二六度の現地参与観察調査を実施。現在も継続中。人々にはアラップ・チェモスス（何でも食べる者）と呼ばれる。チェプトルス・バルベリオン（女子割礼場に運ばれたる男児にしてゾウを屠りし者）が、図々しくも自称。

小さな自家がある村とその周りの幾つかの村の住人のライフ・ヒストリーに土地の人々以上に通暁する、もっともオーソドックスなフィールドワーカーとして知られる。半面、人間現象の一切に痛く関心があり、キプシギス社会を扱った多数の論文の他にも、『ユーミンとマクベス―日照り雨＝狐の嫁入りの文化人類学』（世織書房、一九九六）、『贈り物と交換の文化人類学―人間はどこから来てどこへ行くのか』（御茶の水書房、二〇〇〇）、『カネと人生』（編著、雄山閣、二〇〇二）など、多彩な論稿を執筆。

歴史学を初め、他分野の著述も多い。約六〇〇頁を執筆した『川の記憶』（共著、田主丸町誌第一巻、第五一回毎日出版文化賞・第五六回西日本文化賞受賞）は、河童を鍵概念とする筑後川流域の精神誌、且つ通史として新たな歴史叙述のスタイルを大胆に提示していて、地方史（地方誌）の金字塔とされる。また、長年の探索を経て河童信仰の濫觴をなす渋江家の古文書群を発見、同僚田上繁氏（日本近世史専攻）の協力を得て『渋江公昭家文書目録（一）』（神奈川大学大学院歴史民俗資料学研究科、二〇〇五）を刊行。それに基づく「『河童信仰の歴史研究』序説」（『歴史民俗資料学研究』第一一号、二〇〇六）は、河童信仰を壮大な歴史的背景から多角的に論じて、この分野の研究を一新した。

さらに本書により、河童は屁と相まみえ、著者の異能はついに異端の域に達したというべきか。「なに、屁の河童」とは、O・呂陵本人の弁。「吹きてし止まん」の気は少しも衰えを見せていない。

〈人類学的放屁論のフィールド 1〉
放屁という覚醒

2007年5月1日　第1刷発行©
2007年6月25日　第2刷発行

著　者｜O・呂陵
装　画｜O・呂陵
発行者｜伊藤晶宣
発行所｜㈱世織書房
印刷所｜㈱マチダ印刷
製本所｜協栄製本㈱

〒220-0042 神奈川県横浜市西区戸部町7丁目240番　文教堂ビル
電話045(317)3176　振替 00250-2-18694

落丁本・乱丁本はお取替いたします　Printed in Japan
ISBN978-4-902163-31-5

目取真俊　沖縄／草の声・根の意志　2200円
沖縄／地を読む　時を見る　2600円

我部政明　世界のなかの沖縄、沖縄のなかの日本　●基地の政治学　2200円

高畠通敏編　現代市民政治論　3000円

広田照幸　《愛国心》のゆくえ　●教育基本法改正という問題　2400円

〈価格は税別〉